U0567297

“十四五”国家重点图书出版规划项目

中国语言资源保护工程

中国语言文化典藏·三江侗语

曹志耘　王莉宁　李锦芳　主编

何彦诚　著

SINCE1897
商務印書館
The Commercial Press

序

随着现代化、城镇化的快速发展，我国的语言方言正在迅速发生变化，而与地域文化相关的语言方言现象可能是其中变化最剧烈的一部分。也许我们还会用方言说“你、我、他”，但已无法说出婚丧嫁娶各个环节的方言名称了。也许我们还会用方言数数，但已说不全“一腡穷，两腡富……”这几句俗语了。至于那些世代相传的山歌、引人入胜的民间故事，更是早已从人们的生活中销声匿迹。而它们无疑是语言方言的重要成分，更是地域文化的精华。遗憾的是，长期以来，我们习惯于拿着字表、词表去调查方言，习惯于编同音字汇、编方言词典，而那些丰富生动的方言文化现象往往被忽略了。

2017 年，中共中央办公厅、国务院办公厅《关于实施中华优秀传统文化传承发展工程的意见》首次提出“保护传承方言文化”。2020 年，国务院办公厅《关于全面加强新时代语言文字工作的意见》明确提出“科学保护方言和少数民族语言文字”。语言方言及其文化的保护传承写进党和政府的重要文件，具有重要的历史意义。党中央、国务院的号召无疑是今后一个时期内，我国语言文字工作领域和语言学界、方言学界的重要使命，需要我们严肃对待，认真落实。

中国语言资源保护工程于 2015 年启动，已于 2019 年顺利完成第一期建设任务。针对我国传统语言方言文化现象快速消失的严峻形势，语保工程专门设了 102 个语言文化调查点（包括 25 个少数民族语言文化点和 77 个汉语方言文化点），按照统一规范对语言方言文化现象开展实地调查和音像摄录工作。

为了顺利开展这项工作，我们专门编写出版了《中国方言文化典藏调查手册》（商务印书馆，2015 年）。手册制定了调查、语料整理、图册编写、音像加工、资料提交各个阶段的工作规范；并编写了专用调查表，具体分为 9 个大类：房屋建筑、日常用具、服饰、饮食、农工百艺、日常活动、婚育丧葬、节日、说唱表演，共 800 多个调查条目。

三江鼓樓

调查方法采用文字和音标记录、录音、摄像、照相等多种手段。除了传统的记音方法以外，还采用先进的录音设备和录音软件，对所有调查条目的说法进行录音。采用高清摄像机，与录音同步进行摄像；此外，对部分语言方言文化现象本身（例如婚礼、丧礼、春节、元宵节、民歌、曲艺、戏剧等）进行摄像。采用高像素专业相机，对所有调查条目的实物或活动进行拍照。

这项开创性的调查工作获得了大量前所未有的第一手材料。为了更好地保存利用这批珍贵材料，推出语保工程标志性成果，在教育部语言文字信息管理司的领导下，在商务印书馆的鼎力支持下，在各位作者、编委、主编、编辑和设计人员的共同努力下，我们组织编写了《中国语言文化典藏》系列丛书。经过多年的努力，现已完成50卷典藏书稿，其中少数民族语言文化典藏13卷，汉语方言文化典藏37卷。丛书以调查点为单位，以调查条目为纲，收录语言方言文化图片及其名称、读音、解说，以图带文，一图一文，图文并茂，EP同步。每卷收图600幅左右。

我们所说的“方言文化”是指用特殊方言形式表达的具有地方特色的文化现象，包括地方名物、民俗活动、口彩禁忌、俗语谚语、民间文艺等。“方言文化”是一个新的研究领域，需使用的调查、整理、加工方法对于我们当中很多人来说都是陌生的，要编写的图册亦无先例可循。这项工作的挑战性可想而知。

在此，我要向每一个课题的负责人和所有成员道一声感谢。为了完成调查工作，大家不畏赤日之炎、寒风之凛，肩负各种器材，奔走于城乡郊野、大街小巷，记录即将消逝的乡音，捡拾散落的文化碎片。有时为了寻找一个旧凉亭，翻山越岭几十里路；有时为了拍摄丧葬场面，与送葬亲友一同跪拜；有人因山路湿滑而摔断肋骨，住院数月；有人因贵重设备被盗而失声痛哭……。在面临各种困难的情况下，大家能够为了一个共同的使命，放下个人手头的事情，不辞辛劳，不计报酬，去做一项公益性的事业，不能不让人为之感动。

然而，眼前的道路依然崎岖而漫长。传统语言方言文化现象正在大面积地快速消逝，我们在和时间赛跑，而结果必然是时间获胜。但这不是放弃的理由。著名人类学家弗雷泽说过：“一切理论都是暂时的，唯有事实的总汇才具有永久的价值。”谨与大家共勉。

曹志耘

2022年4月13日

目录

引言

一　三江侗族自治县

三江侗族自治县位于广西壮族自治区北部，隶属于广西柳州市，介于东经 108° 53′—109° 52′，北纬 25° 22′—26° 2′之间，地处云贵高原边缘。县境东临龙胜各族自治县，西接贵州省黎平、从江二县，南临融水苗族自治县和融安县，北接湖南省通道侗族自治县。既是桂、湘、黔三省（区）交界的交通枢纽，又是通往桂、湘、黔三省（区）交界侗族地区的东大门，也是侗族地区的南大门。因境内汇聚寻江、融江（也称都柳江）、苗江三条江而得名。

三江境域因建置改废而多变。宋崇宁四年（1105 年）在今老堡附近改置怀远军，不久改为平州，并置怀远县，此为三江置县之始。后几经兴废，自明洪武十三年（1380 年）复县直至民国二年（1913 年）均称怀远县，民国三年（1914 年）易名三江县。1952 年成立县级侗族自治区，1955 年改为三江侗族自治县。（参见《三江侗族自治县概况》第 39—40 页）截至 2017 年，全县辖 6 个镇、9 个乡。

三江侗族自治县主要居住有侗族、苗族、瑶族、壮族、汉族等民族，其中侗族人口占主体，是广西唯一的侗族自治县，也是全国五个侗族自治县中侗族人口最多的，素有“中国侗族在三江”“千年侗寨·梦萦三江”的美誉。据第七次全国人口普查数据（2020 年 11 月），全县常住人口 321538 人，其中侗族人口 181145 人，占总人口 56.34%。侗族作为三江的主体民族，主要分布在良口、洋溪、富禄、梅林、同乐、八江、独峒、林溪、斗江 9 个乡镇，侗语在全县

80% 的乡镇、村中通用，适用范围较广。（引自《三江侗族自治县概况》及广西柳州三江侗族自治县人民政府门户网站）

三江侗族自治县是一个多民族聚居区，各民族大多还使用自己民族的语言。除侗语外还有苗、瑶、壮等少数民族语言，汉族多说汉语西南官话桂柳方言、六甲话、土拐话、麻介话等。由于经贸、文化等各方面交流需要，各民族在不同场合会选用不同的语言进行交际，有时会使用两种以上的语言进行交际，语言之间的交融和接触很普遍。如斗江镇江口、牙林一带村寨的人很多都会侗、壮、六甲三种语言（或方言），民间流传“三甲侗”之说。又如同乐、良口乡一带的苗族兼说苗语、侗语和桂柳话。境内的少数民族大多兼说桂柳话。

境内民族风情浓郁，有独特的侗族、苗族、瑶族、壮族等少数民族风情，被誉为“世界楼桥之乡”“百节之乡”“世界侗族木构建筑生态博物馆”。有鼓楼 230 余座、风雨桥 200 余座，首批“中国少数民族特色村寨”14 个，侗族村寨列入《中国世界文化遗产预备名单》6 个，国家级重点文物保护单位 4 处（程阳永济桥、岜团桥、马胖鼓楼、和里三王宫），国家级非物质文化遗产代表性项目名录 3 项（侗族大歌、侗族木构建筑营造技艺、侗戏）；有二月二侗族大歌节、三月三花炮节、四月八坡会节、多耶节、芦笙节、斗牛节、侗年等节庆活动。（引自广西柳州三江侗族自治县人民政府门户网站）

二　三江侗语

（一）概述

侗语是侗族的母语，属侗台语族侗水语支。侗语分南北两大方言，各自又分三大土语。三江侗语属侗语南部方言第一、第二土语。除了侗族聚居乡镇，县城也有一定比例的人口说侗语，这些侗族大多来自各个侗族乡镇，因工作、务工、搬迁等原因来到县城。

拼音侗文在三江没有得到推广，只有少数受过培训的侗族干部或有一定文化的侗族青年才认识、使用拼音侗文。

三江侗语的使用情况呈现以下主要特点：（1）侗语仍然是侗族之间的主要交际用语；（2）同乐、良口一带的苗族兼说侗语，林溪、独峒、八江一带的草苗转用侗语，而斗江一带的壮族兼说侗语；（3）不同村寨的侗语表现出一定程度的差异，主要表现在语音和词汇上。词汇上的差异主要体现在事物名称上，如“杉树”“泥土”等词在各地的说法不尽相同。

根据初步分析，三江境内各地侗语在语音上的差异主要体现在两个方面：小舌塞音的有无以及演变轨迹；有无清化鼻音、边音等。

（1）小舌音的有无与演变轨迹。林溪镇一带的侗语没有小舌塞音，小舌塞音已经演变为舌根音。八江镇的布央、三团等村寨的部分老年人尚保留小舌音，但年轻人都已念为喉塞音。独峒镇北部的高定、林略一带也无小舌音，有的演变为舌根音，有的演变为喉塞音，还有的体现为韵母差异。独峒镇中部的平流、八协、岜团、独峒等苗江河沿岸村寨尚保留较完整的小舌音，南部的知了、唐朝等村寨也一样。此外同乐乡和良口乡的部分村寨，以及梅林、富禄一带的大部分村寨都尚保留较完整的小舌音。简而言之，苗江河中下游一带至同乐、良口以及梅林、富禄一带，这一连片的区域都尚保留小舌音。

（2）有无清化音。从目前所掌握的材料来看，有清化音的方言点比较少，只有梅林、富禄一带以及独峒南部的知了、唐朝两个村寨和同乐乡、良口乡的部分村寨。

综上，三江侗语中保留小舌音的方言点仍占多数。下面简要介绍尚保留小舌音的独峒镇平流村侗语的音系，以此作为代表可对三江侗语语音系统有一个大体的了解。

（二）声韵调

1. 声母（21 个）

平流侗语的声母共有 21 个。其中包括双唇、齿龈、软腭和小舌四套清塞音，且都有对应的送气清塞音。小舌塞音 q 在部分年青人群中已读为喉塞音 ʔ。在独峒北部的林略、高定一带，小舌塞音已演变为舌根塞音或喉塞音。

p	pʰ	m		v	
t	tʰ	n	ɬ		l
tɕ	tɕʰ		ȵ	ɕ	j
k	kʰ	ŋ			
q	qʰ				
ʔ			h		

说明：

① 唇齿摩擦音 v 摩擦成分不是十分突出，有时接近双唇通音 w。

② 送气塞擦音 ʨʰ 有时不送气，多出现在第 3 调的例词中。ʦ、ʦʰ 只用来拼读汉语借词，且多出现在年青一代人的口语里，是 ʨ、ʨʰ 的变体，没有单独列为音位。

③ 边擦音 ɬ 有时念为齿龈擦音 s，两者不是对立的音位关系。

声母例词

p	paːt^{22}	涩	pɛk^{22}	百	pɛu^{53}	爆米花
p^{h}	p^{h}aːt^{22}	血	p^{h}ɛk^{22}	拍打	p^{h}ɛu^{353}	爆竹
t	tau^{53}	甑子	tuaːi^{53}	碓	tət^{44}	屁
t^{h}	t^{h}au^{353}	到达	t^{h}uaːi^{353}	退	t^{h}ət^{44}	七
k	ka^{22}	秧苗	ka^{44}	剩余	kui^{22}	小溪
k^{h}	k^{h}a^{22}	除去~杂草	k^{h}a^{31}	卡	k^{h}ai^{13}	犁
q	qa^{22}	假	qa^{44}	歌	qui^{22}	腰
q^{h}	q^{h}a^{13}	耳朵	q^{h}ɛ^{13}	别人	q^{h}ai^{13}	开
ʔ	ʔaːu^{44}	要	ʔuaːi^{44}	烧	ʔəp^{44}	嘴巴
m	ma^{11}	舌	ma^{44}	菜	maːŋ^{11}	什么
n	na^{11}	揉搓	na^{44}	厚	naːŋ^{11}	笋
ȵ	ȵa^{11}	你	ȵa^{44}	河	ȵaːŋ^{11}	姑娘
ŋ	ŋa^{11}	衙府	ŋa^{44}	芝麻	ŋam^{31}	韭菜
v/w	vai^{44}	火	van^{22}	米粉	vaːŋ^{44}	稻草
ɕ	ɕɔ^{53}	尖锐	ɕɔŋ^{22}	木段	ɕaːŋ^{44}	皮箱
h	haːi^{11}	鞋子	hu^{11}pɛu^{44}	烟筒	hɔ^{53}	货物
tɕ	tɕi^{322}	忌口	tɕaːn^{44}	吃	tɕau^{44}	驱赶
tɕ^{h}	tɕ^{h}i^{22}	纸	tɕ^{h}a^{353}	上	tɕ^{h}aːm^{22}	走路
ɬ/s	ɬɔ^{53}	裤子	ɬɔŋ^{22}	衣桶	ɬaːŋ^{44}	树根
l	lɔ^{44}	船	lɔŋ^{22}	簸箕	lɛ^{11}	书
j	ja^{11}	二	jaːn^{11}	房子	jaːŋ^{13}	香烧~

2. 韵母（92 个）

三江侗语的韵母共计 92 个，包括 7 个单元音韵母：a、ɔ、e、ɛ、i/ɿ、u、y。其中 e、ɛ 区别明显，成系统的对立。单元音带韵尾时只有 a 呈现长短对立。

a			ɔ	e		ɛ	i/ɿ	u	y	
ai	aːi				əi			ui		yaːi
au	aːu			eu		ɛu	iu		yu	
am	aːm		ɔm	em	əm	ɛm	im	um	yɔm	
an	aːn			en	ən	ɛn	in	un	yn	
aŋ	aːŋ		ɔŋ	eŋ	əŋ	ɛŋ	iŋ	uŋ	yŋ	
ap	aːp			ep	əp	ɛp	ip	up		
at	aːt		ɔt	et	ət	ɛt	it	ut	yt	
ak	aːk		ɔk	ek	ək	ɛk	ik	uk		
ia	ian	iaːn								
	iai	iaːi								
	iaŋ	iaːŋ								
	iak	iaːk						uaːu		
		iaːu						ium		
			iɔŋ							
			iɔk					iuŋ		
ua						uɛ				
	uaːi					uɛŋ				
uan	uaːn					uɛt				
	uaːŋ					uɛk				

说明：

① 元音 ɿ 只见于少数现代汉语借词，处理为 i 的变体，没有列为音位。

② 元音 ə 不能单独做韵母，需与韵尾 -i、-m、-n、-ŋ、-p、-t、-k 结合。

③ 元音 ɔ 不与韵尾 -i、-u、-n、-p 结合。

④ 韵母 uaːu 和 uɛk 分别只发现一个例词：q^huaːu[22]“酒”和 kuɛk[22]“弹奏”。

⑤ y 单独做韵母时出现的例词不多，主要与塞擦音声母拼读，且多为汉语借词。y 做韵核时只与元音韵尾 -u、鼻音韵尾 -n、-ŋ 和塞音韵尾 -t 组合，发现的例词也不多。y 做介音时只与 aːi、ɔm 两韵分别组合为 yaːi、yɔm，前者目前只发现与双唇鼻音拼读，且例词不多，很可能是 iaːi 韵受双唇鼻音声母 m 的影响所致。yɔm 韵目前只发现与边音拼读，

例词也不多，其来源可能与韵核 ɔ 有关，即其前身可能是 iɔm，介音 i 由于受后面的圆唇元音 ɔ 的影响而变为 y 介音。

⑥ 这里把 i-、u-、y- 处理为韵母的介音而不处理为声母的腭化或唇化特征，理由有三。一是 ia、ua、ua:i 等韵可以独立成韵，即可以直接跟喉塞音声母 ʔ 拼读，如 ʔia^{53}“田”、ʔua:i^{44}“烧”等，若再处理为腭化或唇化声母就会使整个语音系统复杂化，不符合经济原则。二是为了维护语音系统的整齐性，即把 i-、u-、y- 都统一处理为韵母的介音。若按照传统把 i-、u- 两者处理为声母的腭化 -j 或唇化 -w，那 y- 显然不好处理。三是实际音值本身也说明处理为介音更符合语言事实，因为这些音与韵核的结合更紧。

韵母例词

a	ta^{44}	眼睛	ja^{353}	红	la^{13}	鸡距
ɔ	tɔ^{44}	门	lɔ^{44}	船	ɕɔ^{53}	尖锐
e	je^{13}	渔网	le^{22}	羊	ɕe^{11}	茶
ɛ	tɛ^{44}	外婆	lɛ^{11}	书	ɬɛ^{44}	绳子
i/ʅ	pi^{53}	瓜瓤帚	pi^{322}	篦子	li^{31}	戥子
u	qu^{11}	鼎锅	lu^{11}	风箱	ɕu^{53}	数目
y	tɕy^{22}	鬼	tɕy^{322}	柜子	ȵy^{322}	种子
a:i	ɬa:i^{53}	小种杨梅	ta:i^{53}	带领	ma:i^{31}	媳妇
ai	ɬai^{53}	小母牛	tai^{322}	袋子	mai^{31}	树木
əi	ɬəi^{53}	四	təi^{322}	地	məi^{31}	未曾
ui	ɬui^{53}	坐	lui^{322}	下	qui^{322}	画眉鸟
a:u	tɕa:u^{11}	鸡笼	la:u^{11}	板油	ma:u^{11}	农家肥
au	tɕau^{11}	乞求	lau^{11}	鼓楼	mau^{11}	贪心
eu	leu^{11}	橘子	meu^{322}	庙	ɬeu^{44}	焦
ɛu	lɛu^{22}	蛰虫~	mɛu^{322}	帽子	ɬɛu^{44}	唢呐
iu	liu^{11}	保留	miu^{322}	掉落果子~	liu^{44}	熟练
yu	kyu^{53}	秤杆~	kyu^{31}	鸡爪槐		

中国语言文化典藏

a:m	ka:m^{44}	蓝靛草	na:m^{322}	泥巴	ɬa:m^{44}	三
am	kam^{44}	侗语	nam^{322}	湿润	ɬam^{44}	早
əm	kəm^{44}	臼	təm^{322}	果子（总称）	ɬəm^{44}	心
ɔm	tɔm^{31}	水洼	tɔm^{44}	摹声词		
em	lem^{31}	镰刀	jem^{11}	盐	tɕem^{322}	桁条
ɛm	lɛm^{31}	楔子	hɛm^{31}kuan^{44}	喊魂	vɛm^{22}	肋部
im	lim^{11}	淋	t^{h}a^{353}lim^{322}	棱角铧	ȵim^{322}hu^{11}	念符
um	ȵum^{31}	染料	ɬum^{53}	肚兜	jum^{22}	蚊帐
a:n	pa:n^{11}	半山腰	ta:n^{11}	颤抖	ȵa:n^{44}man^{44}	日子
an	pan^{11}	磨~刀	tan^{22}	穿~衣	lan^{11}	筧
ən	pən^{11}	木盘	tən^{22}	树蔸	mən^{44}	天空
en	jen^{13}	二胡	men^{322}	牌匾	ȵen^{11}	年
ɛn	q^{h}ɛn^{13}qɔ^{11}	项圈	vɛn^{322}	万	mai^{31}pɛn^{22}	杉木
in	jin^{44}	烟	ɕin^{44}ləp^{44}	捉迷藏	ȵin^{11}	人
un	mun^{44}	枕头	vun^{11}	坟墓	kun^{44}va^{13}	剪纸
a:ŋ	ta:ŋ^{44}	香~甜	na:ŋ^{11}	竹笋	ɕa:ŋ^{11}	床
aŋ	taŋ^{44}	来	naŋ^{11}	看守	laŋ^{31}	紧接着
əŋ	təŋ^{44}	粘鸟杆	tɕəŋ^{53}	饱	tɕep^{31}ɕəŋ^{11}	砌墙
ɔŋ	pɔŋ^{11}	棚子	jɔŋ^{13}	围嘴	ɕɔŋ^{11}ja:ŋ^{13}	神龛
eŋ	teŋ^{11}	亭子	leŋ^{31}	旱地	ɬeŋ^{11}	砧板
ɛŋ	pɛŋ^{53}	打枪	tɕɛŋ^{53}	耳环	qɛŋ^{44}	粥
iŋ	piŋ^{11}	坪	tɕiŋ^{53}	正	k^{h}iŋ^{353}	饭篓
uŋ	muŋ^{44}	提篮	ɬuŋ^{11}	织布机	kuŋ^{44}	鼓
a:p	la:p^{44}	蜡烛	ha:p^{31}	比赛	ta:p^{22}	挑~担
ap	lap^{44}	加热	hap^{44}	盒子	tɕap^{44}	塞紧

əp	ləp^{44}	躲藏	kəp^{44}jaːŋ^{322}	被套	tɕəp^{44}men^{11}	摘棉花
ep	ȵep^{22}	火钳	tɕep^{31}	砌	ɬep^{22}	接
ɛp	ȵɛp^{22}	夹	pɛp^{22}	宰杀	tɛp^{22}	剪掉~线头等
ip	ɕip^{11}	十	lip^{44}	小凹陷		
up	tɕup^{22}	冬瓜	ɬup^{22}	有斩获打猎~	tup^{22}va^{13}	花苞
aːt	q^{h}aːt^{22}	刷子	paːt^{22}	涩	qaːt^{22}	割
at	lat^{44}	揍打	p^{h}at^{44}	弯弓状扁担~	tat^{44}	砍
ət	ɬət^{44}	扫；尾巴	pət^{44}	鸭子	tət^{44}	屁
ɔt	tɕɔt^{31}	半一~	tɕɔt^{22}	发髻	t^{h}ɔt^{22}	逃脱
et	pet^{31}	楼板	p^{h}et^{31}	喷射	qet^{11}	啄
ɛt	pɛt^{22}	八	vɛt^{22}	发放		
it	taːŋ^{11}mit^{44}	纸包糖	tɕit^{44}	柴火	ʔit^{22}ɕin^{44}ket^{11}	斗蛐蛐
ut	ȵut^{31}	搓揉	k^{h}ut^{44}	铁	jut^{22}	粽子
yt	myt^{22}	拧	myt^{11}	胡须		
aːk	taːk^{22}	打桩	laːk^{22}	骨头	laːk^{31}	儿子
ak	tak^{44}	胸部	tak^{11}	公~牛	lak^{11}	捆
ək	mək^{11}	墨水	ɕaːŋ^{11}kək^{11}	架床	lək^{11}	有力
ɔk	hɔk^{11}	打谷桶	tɕɔk^{31}	手镯	q^{h}ɔk^{22}	打捞
ek	tɕek^{22}	笛子	jek^{22}	呼唤~动物	lek^{22}	划开
ɛk	pɛk^{22}	百	pɛk^{31}	摔	qɛk^{22}	牛轭
ik	lik^{31}	日历	tɕik^{44}	倾斜	p^{h}ik^{22}	开裂
uk	p^{h}uk^{22}	稻草灰	luk^{22}	塌陷	nuk^{31}	牛背峰
ia	pia^{44}	岩石	mia^{11}	手	lia^{11}	舔
iaːi	liaːi^{22}	麻雀	liaːi^{44}	远	miaːi^{22}	砍不准，刀口上移
iai	liai^{22}	男器	miai^{31}	鲤鱼		

ia:u	lia:u^{13}	推动	lia:u^{11}	捞用漏勺~	lia:u^{353}	翻找
ia:ŋ	lia:ŋ^{53}	禾晾	tɕʰem^{13}lia:ŋ^{21}	拜寿	qau^{31}mia:ŋ^{11}	蕨粉
iaŋ	liaŋ^{53}	傻	miaŋ^{31}	凶巴巴	piaŋ^{11}	松散衣服绲边~
ia:n	lua:i^{11}lia:n^{322}	石臼	lia:n^{322}ɬam^{22}	酸辣椒	la:k^{31}lia:n^{53}	丝瓜
ian	lian^{44}	滑	lian^{22}	折断	lian^{31}	脱臼
ia:k	lia:k^{44}	冷	mia:k^{22}	妇女	pia:k^{22}	额头
iak	liak^{11}	偷	pʰiak^{44}	捏揉	piak^{44}	抽打
ua	kʰua^{13}	狗	kua^{22}	硬	kua^{44}	挂柱
iɔk	liɔk^{11}	六	liɔk^{44}	稠粥~	ɬua:i^{53}pʰiɔk^{22}	离散状、不聚合
ua:i	ʔua:i^{44}	烧	pua:i^{322}	焙箩	tua:i^{53}	对联
ua:u	qʰua:u^{22}	酒				
ua:n	kua:n^{44}	名字	jua:n^{322}	扁木桶	ɬua:n^{53}	木钻
uan	kuan^{44}	魂	kuan^{22}	绲边		
ua:ŋ	kua:ŋ^{44}	亮	kua:ŋ^{22}	碗	kʰua:ŋ^{22}	宽广
uɛ	kuɛ^{44}	黄瓜	kuɛ^{22}	梯子	mai^{31}kuɛ^{11}	竹鞭子
uɛŋ	kuɛŋ^{53}	山坳	kuɛŋ^{22}	木棍		
uɛt	n̥i^{322}ŋuɛt^{31}	二月	pɛt^{22}ŋuɛt^{31}ɕa^{22}	八月社	kuɛt^{31}	刮（皮）
uɛk	kuɛk^{22}	弹奏				
ya:i	mya:i^{53}	水瓢	mya:i^{31}	淡食物~		
yɔm	lyɔm^{31}	山谷	lyɔm^{322}	鸟套		
iɔŋ	miɔŋ^{322}	流苏	liɔŋ^{22}	隆起	piɔŋ^{322}	串一~
iuŋ	miuŋ^{322}	盼望	liuŋ^{22}	巷子	piuŋ^{44}	狼
ium	ʔium^{44}	瘦				
yn	pyn^{44}	绕纱竹笼	lyn^{31}	卷（衣袖等）	lyn^{22}	翻（肠子等）
yŋ	kyŋ^{53}	张望	kyŋ^{31}	斑鳠		

3. 声调

三江侗语共有 13 个声调调类，其中舒声调 8 个（第 1、1'、2、3、4、5、5'、6 调），促声调 5 个（第 7、7'、8、9、10 调），与台、侗水语支四声八类声调系统对应。第 1'、5'、7' 三个调是送气调，非塞音声母有时亦伴有较明显的送气特征。

声调例词

1	[44]	pa^{44}	鱼	ma^{44}	菜	ta^{44}	眼睛；外公
1'	[13]	p^{h}a^{13}	蓝色	ma^{13}	来	t^{h}a^{13}	私奔；搓~绳子
2	[11]	pa^{11}	钉耙	ma^{11}	舌头	ta^{11}kyu^{53}	秤砣
3	[22]	pa^{22}	姑母（父之姐）	ma^{22}	云；软	ta^{22}	树林
4	[31]	pa^{31}	蝗虫（黄褐色）	ma^{31}	马	ta^{31}ɬet^{22}	铅坠
5	[53]	pa^{53}	叶子	mɔ^{53}	瘪	ta^{53}	中间
5'	[353]	p^{h}a^{353}	头帕；毛巾	ma^{353}	浸泡	t^{h}a^{353}	锉刀
6	[322]	pa^{322}	糠	mɔ^{322}	磨~米	ta^{322}	渡过
7	[44]	pak^{44}	北；豆荚	lap^{44}	加热	p^{h}at^{44}	弯弓状扁担~
7'	[13]	liɔk^{13}	困惑				
8	[11]	pak^{11}	萝卜	lap^{11}	击打	p^{h}at^{11}	“啪”（拟声词）
9	[22]	pa:k^{22}	外面；入口	la:p^{22}	闪电	p^{h}a:t^{22}	血；斜砍
10	[31]	pa:k^{31}	白	la:p^{31}	腊	pa:t^{31}	倾伏；避让

说明：

① 第 2 调是超低平调 11，听感上有时接近低降调 21，尤其是在连读中感觉更明显；第 5' 调的调值先升后降，与第 5 调很接近，调值记为 353；第 6 调的调值先降后平，与第 3 调很接近，调值记为 322。

② 元音带塞音韵尾时除了 a 外，其他都不分长短。长短元音 a 入声韵配调较为整齐，一般是第 7、7'、8 调为短入声韵，第 9、10 调为长入声韵。但 a:k、ia:k 两韵也出现在第 7 调。

三 凡例

（一）记音依据

本书侗语记音以三江独峒镇平流村中老年人的侗语口音为主，将其作为图册词条及说唱表演条目注音的依据。三江侗族自治县独峒镇是个侗族风情非常浓厚的乡镇，地处县境的最北部，与贵州、湖南省交界。

本书的主要发音人、文化咨询人：莫仁政，男，1959 年生，三江独峒镇平流村人，侗族，小学文化，一直生活、工作在独峒镇，主要讲侗语和桂柳话，会说不太标准的普通话，长期务农、精通医药学知识且擅长侗歌侗笛等侗族传统乐器。另有吴运保、廖焕忠、吴仕祎、吴原金、吴转辉、吴唐忠、吴大伟、杨忠平、吴永良、吴永延 10 位辅助发音人和文化咨询人，皆是三江侗族本地人，小学及以上文化，主要讲侗语和桂柳话，长期工作、生活在三江侗族地区。

（二）图片来源

本书收录三江侗语文化图片共计 600 余幅。这些图片主要是近几年在三江境内各地拍摄的，尤其是八江镇的布央村，独峒镇的高定、独峒、平流、知了、林略等村，林溪镇的平岩、平铺、程阳、冠洞、高秀、高友等，梅林乡的车寨、石碑，斗江镇的牙林，以及同乐乡的寨大、高岜等。图片主要为作者本人或团队拍摄，少量由其他人士提供的均用括号注明，如“1-24◆平流（莫丽婷摄）”。

（三）内容分类

本书所收三江侗语文化条目按内容分为 9 大类 35 小类：

（1）房屋建筑：住宅、其他建筑、建筑活动

（2）日常用具：炊具、卧具、桌椅板凳、其他用具

（3）服饰：衣裤、鞋帽、首饰等

（4）饮食：主食、副食、菜肴

（5）农工百艺：农事、农具、手工艺、商业、其他行业

（6）日常活动：起居、娱乐、信奉

（7）婚育丧葬：婚事、生育、丧葬

（8）节日：春节、二月二、三月三、清明节、端午节、中秋节、其他节日

（9）说唱表演：口彩禁忌、俗语谚语、歌谣、故事

如果某个条目可归多个大类，先尽特殊的类。如 [ɬəi^{11}]“糍粑”可归饮食、节日，本书归节日。

（四）体例

（1）每个大类开头均用简短文字对本类语言文化现象做一个概括性的介绍。

（2）除“说唱表演”外，每个条目均包括图片、民族语言词、正文三部分。“说唱表演”不收图片，体例上也与其他部分有所不同，具体情况参看“说唱表演”。

（3）各图单独、连续编号，例如“1-1”，短横前面的数字表示大类，短横后面的数字是该大类内部图片的顺序号。图号后面注拍摄地点（一般为村级名称）。图号和地名之间用“◆”隔开，例如“1-1 ◆平铺”。

（4）由于侗文在三江尚未普及，本书暂用国际音标给图片标注侗语名称。对应的汉译名称加双引号标示。例如：[teŋ^{11}]“亭子”。

（5）正文中出现的民族语言词用引号标出，并在一节里首次出现时注国际音标，对民族语言词的注释用小字随文夹注；在一节里除首次出现时外，只加引号，不注音释义。

（6）民族语言词记实际读音，如有变调等音变现象，一律按连读音记，轻声调值一律标作“0”。

三江

壹·房屋建筑

依山傍水是侗族居住环境的显著特征。村前有溪流河水蜿蜒，寨后有“护寨”的风水林，古木参天，环境优美。传统侗族建筑为全木构造，依自然地形设计修建，地基少挖土层，与当地地理和气候环境相适应。

侗族村落一般以鼓楼、戏台和萨坛等为中心，干栏式民居围绕中心而建，形成团聚型空间布局。村口及寨子边缘有寨门、风雨桥、凉亭、井亭、廊亭、禾晾、谷仓、碓房等辅助建筑，稍远一带的农事耕作区则建有供劳作休息的亭子、棚子等零星建筑。

根据地形和柱子落地形态，干栏式民居可分高脚楼、吊脚楼、矮脚楼等。这些楼房高低错落，朝向不一，大同中各有特色。民居底层圈畜，分隔出猪圈、牛圈、鸡鸭圈、杂物房、碓房等。二楼住人，三楼住人或存放谷物杂物。

鼓楼是侗寨的标志性建筑，也是寨子里最高的建筑，是村寨祭祀、议事、集会、迎宾、庆典、歌舞、娱乐的主要场所，也是侗族传统文化的重要传承场所。风雨桥是侗寨又一大特色和标志性建筑，被视为“生命之桥”，也是侗家人心中的“福桥”，有聚财进宝、纳福呈祥等寓意。

侗族独特的吊脚楼、风雨桥、鼓楼、戏台、寨门、凉亭、井亭、廊亭、禾晾、谷仓

等木构建筑群落，数量众多，式样各异，造型优美。鼓楼在村寨中凌空而起，威严挺拔，鸟瞰一众民居；风雨桥横跨溪河，飞檐翘首，层次分明；民居楼房鳞次栉比，错落有致；寨门、凉亭、廊亭、禾晾、谷仓等星罗棋布，点缀其中。这些木构建筑群体现了侗族人民的聪明智慧和审美情趣，更承载着侗族人民团结同心、热心公益、乐善好施的传统美德和处世哲学。

侗族掌墨师傅才艺令人称绝，他们无须设计图纸，只需实地勘察，一座建筑的结构便了然于心。仅凭几样简单工具和一些独有符号，他们就能在木料上刻画出柱、梁、枋、板、眼等各种构件。施工木匠依据这些标记和符号就能轻易地把成百上千的构件一一制作出来并加以组装。装饰也是侗族木构建筑的重要组成部分。在檐部、柱头、榫头、栏杆、门窗等立体建筑的各个部分，工匠采用凿刻、雕塑、叠砌、绘画等手法构造出各式花纹图案，为整个建筑平添几分灵秀之美。

起屋建楼是侗族社区神圣之事，众人参与，从奠基到选材，从搭架到上梁，从盖瓦装墙到竣工入住，其间要举行各种仪式，或供奉鸡鸭鱼肉、烧香烧纸祭拜祖先和神灵，或杀猪宰羊设宴款待工匠师傅和一众亲友。鼓楼、风雨桥等大型公共建筑的竣工则要举办盛大的百家宴举寨庆祝。

一 住宅

1-1 ◆平铺

[jaːn^{11}] “房子”

传统侗族民居建筑。青瓦干栏式木楼，一般为三层。底层圈养牲口，堆放薪柴、农具等，分隔有猪圈、牛圈、鸡鸭圈、碓房、杂物房、厕所等。二层住人，三层为谷仓，存放谷物或杂物。人口多的家庭三层也设置卧室。常见的木楼是三开间正房，两头还各搭有一开间耳房（见图1-4）。这种平面格局的房子侗语称为 [ɬaːm^{44}qɐn^{44}ja^{11}ɕuaːn^{322}qu^{22}] 或 [ɬaːm^{44}qɐn^{44}ja^{11}pi^{53}] “三开间两耳房”。每一开间依据需要可分隔出两到三间房间。正中的开间为房屋的正厅，通常在此设置堂屋，堂屋背后是火塘间。楼梯一般架设在房子一头的耳房里，楼梯口直接通向房屋前部的走廊，这样不会占据正房的位置，利于空间布局。

1-2 ◆高定

[teŋ^{11}] “亭子”

野外搭建的小木屋。一般只有两层，底层关牛，上层住人。多建在离村子有一定距离且农田较多的地方，农忙时节可就地住宿耕作，节省往返家里和田间的时间，提高效率。牛所产生的农家肥亦可就近施用，避免远距离运送。

1-3◆布央

[pɔŋ11] "棚子"

搭建于田间地头的简易木棚。一般都比较矮小，只有一人多高，一次可供三四个人坐着休憩。以前多盖以杉木皮或茅草，现在多代以铁皮。供劳作之余休憩或躲避风雨，一些常用又携带不便的用具亦可置于棚内。

[ɕuaːn322qu22] "耳房"

正房两侧开间和高度都相对较小的附属结构，宛若悬挂于正房两端的耳朵。有些地方侗语称为 [pi53]。主要用来为正房两侧遮挡风雨，避免日晒雨淋对正房两侧木板壁的侵蚀，因为木楼一般都有两三层高，而房顶瓦檐一般只外伸一米左右，遮挡范围有限。另一方面，耳房可适当增加房子的宽度和面积，一般用来架设楼梯，或隔出一两间小房间做年轻人的卧室。受地势等条件所限，有的房子并未设耳房，有的只有一侧设耳房。

1-4◆平流

1-5◆平岩

[$t^{h}a{:}ŋ^{31}vu^{31}$] “堂屋”

传统民居的大厅。一般设在房屋二楼正中间的开间中部，前面是走廊，后面是火塘间。有的堂屋是敞开式的，直接通向走廊；有的是封闭的堂屋间，设有几扇门分别通向走廊、火塘间和其他卧室。堂屋的正壁上设有神龛，是平时家庭祭祀活动的场所。

[$ke^{44}vai^{44}$] “火塘间”

房屋中设有火塘的一间房间，日常做饭、取暖、聚会议事或会客的重要场所。正中是一个约一米见方的火塘，下方是经过烧制的黄泥层，四周铺有火砖，可隔热防火。火塘长年烧着火，中间架着三足鼎架供架锅煮饭菜用，正上方悬挂一正方形木栏架或圆形竹编大吊篮，侗语称为 [$ŋa{:}ŋ^{11}$] “焙篮”（见图 5-79），用于烘焙粮食谷物或熏制食品。因长年烧柴火做饭，整个火塘间上方的楼板都被烟熏得乌黑光亮。

1-6◆平流

1-9◆高定

[pa:u^{44}lia:ŋ^{11}ȵe^{31}] “屋脊翘角”

屋脊两端由瓦片摆成的翘角。代表龙尾，龙头在屋脊中央。侗语 [pa:u^{44}] 为“犄角”之意。

[pɔŋ^{11}ȵe^{31}] “两面坡”

木楼外部的顶盖。由房屋顶部的两面斜坡构成，斜坡由木块木条搭建而成，上面盖有瓦片或者杉木皮。时间久了瓦片会移位而漏雨，一般要定期 [pia^{21}ȵe^{31}] “翻瓦” 修整。杉木皮则要定期更新，以免年久腐朽漏雨。

1-10◆高定

1-7◆林略

[lia:ŋ^{11}ȵe^{31}] “屋脊”

屋顶前后相对的两个斜坡顶端的相交处，屋顶中间最高的部分。一般需叠垒两三层青瓦，以增加重量，防止被大风大雨掀翻。侗族干栏式木楼屋顶多为歇山顶或悬山顶。

[ta:ŋ^{11}ta^{53}lia:ŋ^{11}ȵe^{31}] “屋脊中央”

屋脊中央的装饰造型。中心由瓦片摆设成中空圆形或花朵形状，代表宝珠，外围摆成龙头的模样，两端层次分明的瓦片则宛如披着龙鳞的龙身，屋脊两端的翘角则是龙尾，整个屋脊像是两条巨龙在戏玩着宝珠，寓意“二龙戏珠”。

1-8◆林略

1-11◆高秀

[$pin^{53}ŋe^{31}$] “层次坡”

木楼两侧屋檐下方两米左右伸出的小斜坡。宽度约一米，盖瓦片，一般与屋檐平行，主要用来为房屋两侧墙壁遮挡风雨。其上亦可晾晒萝卜等各类蔬菜，也可晾晒被子、衣物等。

[$ka:u^{22}pin^{53}$] “屋头层次坡”

木楼两端突出的小斜坡。一般为两层。传统上常盖以杉木皮或茅草，而非瓦片，这是跟“层次坡”的不同之处，其主要功能是为墙壁遮挡风雨。

1-12◆高定

1-15◆平流

[ŋe^{31}men^{322}] “玻璃瓦”

玻璃制成的透明长条瓦片，直译为汉语是“瓦明”。宽度与一般瓦片相当，但长度约为一般瓦片的两倍。

[pi^{11}mai^{31}pɛn^{22}] “杉木皮”

杉树之皮。重量轻，防水性好，耐腐蚀或虫蛀，是盖房的好材料。伐木时第一时间剥下晒干备用。常用来盖在木楼的屋顶上或者侧檐上，亦可用来搭盖棚子。由于自身重量较轻，一般要铺盖三四层，之后要用大木条夹住绑紧并压上石块，以防大风掀翻。

1-13◆石碑

1-14◆牙林

[n̥a:ŋ^{22}tɕa^{44}] “茅草”

传统上用来覆盖屋顶的白茅一类的草本植物。质硬、较厚，干后不易腐烂，常用来搭盖棚子，也可用来盖在木楼的侧檐上。侗语 [n̥a:ŋ^{22}tɕa^{44}] 直译为“遮盖之草”，其中 [tɕa^{44}] 为“遮盖”之意。

[tɕin^{44}tɕep^{31}] “屋基石墙”

屋基外侧砌出的有一定高度的石墙。木楼多依山而建，需把山坡挖出一个“厂”字形土台作为地基。土台外侧和内侧的山体都要用石头砌成石墙加固保护。砌墙时石块间用黄黏土和沙子做黏合剂，而且每砌一层石块都要在石墙里侧填土夯实，以确保地基坚固牢靠。

1-16◆高定

1-17◆平流

[ɕəŋ^{11}pia^{44}]“挡土石墙”

沿屋基内侧山体砌起的一道防护石墙。依山形而建，呈一定的倾斜度。防止山体滑坡压毁房屋。

1-18◆高秀

[ɕɛm^{322}]“板壁”

木楼里用杉木板嵌合而成的墙壁。墙板厚约3厘米。杉木板平直轻便又不易变形，易于嵌合，又防虫，是侗族木楼墙板的首选木料。由于木楼各层的高度相当（一般为2米多），但各个空当的长度和宽度长短有别，加之木板厚度有限，墙板采用竖向并排嵌合方式，以确保墙壁坚固牢靠，在节省材料和确保坚固方面取得最佳效果。传统上墙板竖直嵌合时要求尾部朝上根部朝下，与树木生长方向一致，忌讳头尾颠倒。

1-21◆高定

[ɬa:t^{22}pan^{44}]“竹笺墙”

用长竹片或竹条编制而成的篱笆墙。多用来围护菜园，防止鸡鸭等家禽进入，同时可让瓜类和豆类的藤蔓攀缘生长。

1-19◆高定

[laːn^{31}kaːn^{322}tɔk^{11}] “圆木栏杆”

用碗口粗细的圆木围成的栏杆墙。圆木之间间隔一定的距离，多见于干栏式木楼楼底（一楼）和谷仓的外墙，主要起防盗作用或防止猛兽进入，保证人畜安全，也利于通风透气和采光。

[laːn^{31}kaːn^{322}pɔ^{22}qan^{31}] “栏杆”

由杉木加工而成的护栏。直译为“细脖子栏杆”。

1-20◆高定

1-24◆平流（莫丽婷摄）

[tɔ^{44}pɛ^{11}] “防御寨门”

主要起防护作用的寨门。多建在地势陡峭、易守难攻之处，便于抵御外来侵袭。寨门上设有射击孔，边上设有瞭望台，便于观察外面的敌情。

1-26◆高定

[tɔ^{44}laːu^{31}] “大门”

整个房子通向外面的主门。一般设在房子正面的一楼正中，是整个房子中最大的门，有左右两扇。有时大门可能设在房子的两端，视房子所处的地形和周边情形而定。

1-22◆丹洲

[ɕəŋ^{11}pɛ^{11}] “围墙”

围绕村寨而建的一人多高、厚一米左右的外墙。多用石头砌成，用于防盗或抵御匪患。以前很多侗族村寨都建有围墙，现大多年久失修。

1-23◆高秀

[tɕaːi^{13}mən^{31}] "寨门"

侗寨的公共建筑之一。寨门的建筑风格各异，各具特色，建筑工艺与楼亭相似，或雕龙画凤、飞檐翘角，或古雅淳朴、简易平凡。传统的侗族村寨，逢寨即有寨门。人们根据村寨周边的自然环境或设篱笆，或置栏栅，或筑围墙，用以围寨，使寨门成为进出村寨的主要路口设施。过去寨门是保护侗寨安全的重要关卡，可阻外敌或匪患，亦可防止猛兽侵袭，也是迎宾送客的重要场所。

1-25◆丹洲

[tɔ^{44}ɕəŋ^{11}] "城门"

古县城设置的城门。主要用于御敌，是城内通往外面的主要通道。

1-33◆马胖

[tɔ^{44}ɬeŋ^{22}ha:p^{31}]“双扇合窗”

相对比较现代的窗户类型。每扇窗户由窗框和两块大小形制相当但可独立开关的窗扇拼合而成，窗扇和窗框由合页连接。

[çen^{44}tɔ^{44}]“门闩”

插在门后使门推不开的木块。一般房门都设有推拉门闩（见图1-28中下者）和提拉门闩（见图1-29）两种。推拉门闩用于从里边闩门、开门，横向推拉即可，从外边闩不上也打不开；提拉门闩则用于从外面闩门、开门，全凭一根连通门外的绳子，通过在门外提拉、垂放绳子来开门、闩门（见图1-29）。

1-29◆马胖

1-28◆平流

1-27◆高定

[tɔ^{44}lan^{11}] **“后门”**

根据地形或周边情形设置在房屋后面或两端的便门，一般为单扇房门。方便进出或连接不同的通道，避免走正门绕远路。

[tɔ^{44}ɬeŋ^{22}jɔŋ^{22}] **“推拉窗”**

一种窗户样式。窗扇在窗框的轨道上滑行，通过左右推拉来开窗关窗，构造简单，方便灵活。老式推拉窗的窗扇为全实木板拼合而成，没有玻璃，只在拉开的状态下才能采光。

1-30◆平流

[ɕen^{44}tɔ^{44}ɕi^{11}ɬɔ^{22}] **“钥匙门闩”**

另一种通过门外操作来闩门、开门的特殊门闩。与提拉门闩的区别在于使用钥匙而非绳子。样式和开关方式与推拉门闩类似，都是横向推拉，但不是直接用手推拉而是在门外借助钥匙和一个木块推手来共同实现（见图 1-31）。

1-31◆平流

1-32◆程阳

1-37◆程阳

1-34◆高定

[tɔ^{44}ɬeŋ^{22}la:n^{31}ka:n^{322}] “栏杆窗”

传统木楼里一种比较常见的木质四方窗。窗口安装有上下直立的楞条，防止外人或猫狗等动物从窗户入室。

[t^{h}en^{322}tɕin^{322}] “天井”

宅院中房与房之间或房与围墙之间围成的露天空地。一般仅见于祠堂或寺庙或少数大户人家的四合宅院，普通民居少见。

[ja:k^{31}] “篱笆”

用来围护菜园的一种设施。多由小木条、竹片、荆条、灌木或者石头围成，高一米左右，主要用来防止鸡鸭等家禽进入园子啄食蔬菜。

[ja:k^{31}ɬun^{44}] “荆条篱笆”

用毛竹枝条或荆条围成的篱笆，就地取材，一般多用于离房屋有一定距离的菜园。

1-38◆平岩

1-40◆高弄

1-35◆马胖

1-36◆林略

[tɔ^{44}ɬeŋ^{22}kɛ^{31}]“雕窗”

雕刻有图案的窗户样式。有些比较讲究又有一定经济实力的人家会把窗棂雕刻成花草鱼虫等一些具有吉祥意义的图案，增强装饰效果。

[tɔ^{44}ɬeŋ^{22}men^{322}]“玻璃窗”

相对比较现代的窗户类型。侗语为“明亮窗户”之意。为了获得更好的采光效果，窗扇从传统的实木块制式改为玻璃块制式，在木框架的窗扇里边嵌入整块透明玻璃制成。

[jaːk^{31}mai^{31}]“木篱笆”

一种高篱笆。由锯杉木板子剩下的边角料即板皮围成，高度参差不齐，取决于板皮的长短，但最矮处也有一人多高，较其他类型的篱笆要高。另外，板皮作为现成的边角料，较木条、竹条、竹片等更节省人工和材料。

1-39◆高秀

1-42◆高定

[q^{h}an^{13}pia^{44}paːŋ^{322}] **“石板路”**

寨子里用青石板铺就的大路。传统村寨中交通要道的常见形式，避免泥路湿滑泥泞，又能加固山坡地形，防止滑坡。青石板越走越光亮，不会起青苔而湿滑，很好地解决了南方丘陵地区道路泥泞湿滑的问题。

1-41◆高定

[liuŋ^{11}k^{h}ɔŋ^{53}] **“巷子”**

房子和房子之间空出的比较狭窄的通道。直译为汉语是“空出的小巷子”，以连接不同房屋，避免走大道绕远路。

[tuŋ^{22}ɬam^{44}] **“中柱”**

木楼中用以支撑栋梁桁架的长条形构件。侗族干栏式传统民居进深平面一般为五柱四格式，即一根中柱两根二柱（金柱）两根外柱，外加两根长挂柱（檐柱）和两根短挂柱（瓜柱），其中起承重作用的是中柱、二柱和外柱。中柱最高，是“顶梁柱”，直接支撑脊梁。二柱、外柱、檐柱和瓜柱的高度依次降低，形成“山”字形屋顶。

1-44◆寨明

1-43◆高友

[ɕaːi322] "寨子"

聚族而居的基本单位和传统形式。典型的传统侗族寨子是具有一定规模的居民聚居地，房屋建在溪流河谷两边，依山而建，与地形地势协调，没有固定的朝向。房屋都为木楼，一般一家一楼，各户之间比邻而居、鳞次栉比、错落有致，寨子中心地带一般都会耸立着一两座鼓楼，凌空而起，威严挺拔，鸟瞰并守护着一众民居木楼。侗族喜欢以村寨为单位聚族而居，独户居住的很少。一个村寨一个家族或数个家族聚居，有利于日常生产生活上的互助与协作，过去也有利于团结御敌。

[tuŋ22ŋɔ31] "二柱"

紧挨着中柱左右的两根柱子。与中柱、外柱一起，由地面直抵屋顶。

[tuŋ22ke44] "外柱"

侗语意为"边柱"，是落地的五根主柱中最外边的两根。若房屋前面的外柱落在屋基之外，则形成所谓的吊脚楼。

1-45◆寨明

1-46◆高定

1-48◆寨明

[kua^{44}] “短挂柱”

瓜柱。有些房屋为了使屋檐向外延伸出更长的距离，增加屋檐遮盖面，在长挂柱外面再加挂一根短挂柱，用于支撑屋檐的檩条。与长挂柱类似，瓜柱下端也有柱头雕刻。

[tuŋ^{22}tɕeu^{53}] “长挂柱”

檐柱。侗语意为“悬挂之柱”，下端不落地，由两三根穿枋与外柱相连，像悬挂在外柱上，用来支撑屋面出檐。檐柱与外柱的距离一般比较短，只有一米左右。为了美观，下端的柱头往往雕刻成一定的形状。

1-47◆高定

1-51◆平流

[tɕem^{322}] “桁条”

架在两排平行的柱子之间的横向穿枋上并与其垂直的圆木或方木。主要作用是铺垫和支撑楼板，保证楼板地面水平。桁条之间保持平行，一般相距一米左右。

[ɕuaːn^{44}] “斗枋”

过间枋。两组平行的木构架以斗枋将各类柱子连接起来。斗枋相对小而短，与穿枋垂直，两者基本上处于同一高度。上下两根斗枋之间的距离大体上为楼层的高度。

1-53◆平流

1-49◆高定

1-54◆平流

[pɔ^{22}qan^{31}] **“挂柱头”**

民居木楼吊脚柱头装饰木雕。挂柱下端的柱头一般都雕刻成各种形状，有虎爪、龙头、龟头、鸟头、鱼头状，有灯笼、莲花、南瓜、葫芦形。灯笼、莲花象征美丽喜庆，南瓜、葫芦寓意昌盛兴旺。

[ɬai^{11}] **“檩条”**

架在两组平行木构架的柱头上或脊枋上的圆木。直径十余厘米，与斗枋平行。两根檩条间的距离为一个水步，一般为两尺五左右。檩条可以连接两组平行的木构架，增加房屋主体结构的稳定性，还可用来固定椽子，负载椽子和瓦片。

[t^{h}aːi^{31}lu^{11}] **“坐梁”**

风雨桥内部主要结构部件。侗语意为“抬梁”。为了留出宽大的空间作为走廊，风雨桥不能像一般房屋那样直接使用通达地面的脊柱（中柱）来支撑脊梁和屋顶，而是在金柱（二柱）顶端之间直接架一横梁，再在其上立三根瓜柱，以支撑脊梁和邻近檩条。复杂一些的是在立柱上架梁，再在梁上重叠数层瓜柱和梁，最上层梁上立一瓜柱，形成较为典型的抬梁式木构架。也有的不在立柱头上架梁，而是以一根大号穿枋串联两边的金柱或外柱，再在穿枋上抬梁。

[pɛk^{31}] **“穿枋”**

椑枋。传统侗族木楼构架主要为穿斗式，即用穿枋将中柱、二柱、外柱等进行纵向穿插，形成一榀榀房架，再沿檩条方向用斗枋将柱子串联起来，由此形成屋架。穿枋大而长，一根穿枋就贯穿一整排柱子，有如一根扁担挑着几根竖直的柱子，主要起固定柱子的作用而不承重。一排柱子一般需要三到四根穿枋，房子越高需要的穿枋越多，上下两根穿枋之间的距离大致为楼层的高度。

1-50◆平流

1-52◆布央

1-59◆平岩

[tau^{322}laːŋ^{11}] “走廊”

侗族木楼第二层前半部分留出的两三米宽的通道。主要有一字形或品字形两种样式。走廊外侧设有高至腰间的护栏，护栏上方大多敞开，便于采光，外边常挂一些竹竿或木杆供晾晒衣物。

[pʰin^{353}] “楼板”

用来铺木楼楼面的长条形木板。干栏式木楼的二楼为日常生活区，楼面皆为杉木板铺就。杉木楼板遇湿不易变形，有防潮防腐防虫等优点，适合多雨潮湿的南方气候。铺就好的楼板一般叫 [pʰin^{353}]，尚未铺就的叫 [pet^{31}]。

[pia^{44}tɕin^{22}ɬaːŋ^{22}] “垫柱石”

垫在房屋柱子底下的础石。垫柱石的形状多种多样，有井形、斗形、碓形、碗形、鼓形、钵形等。为了防止与泥土地面直接接触而导致木柱腐烂，柱脚需与地面隔开。除了防腐，垫柱石的另一大功能是垫平，即让前后左右的柱子都能立于同一个水平面上，使整幢木楼端端正正，增加其稳定性和使用寿命。

1-56◆岜团

1-60◆和里

[q^{h}aːk^{22}] “椽子”

垂直安放在檩条上的方形木板或木条。屋面基层的最底层构件，用来承接屋瓦。有木板或木条两种形式，前者宽度与瓦片的宽度相当，后者宽度约为瓦片宽度的三分之一。

1-55◆丹洲

[kuɛ^{22}] “楼梯”

干栏式民居中架设在楼层间供人上下的木质构件。较常见的有踩板梯和踩踢板梯两种。踩板梯用一对比较大的木枋，在木枋上凿出一道一道斜槽，将踩板嵌入斜槽即成（见图 1-57）。踩踢板梯与踩板梯类似，只需在踩板与踩板之间多加装一块薄板作为踢板（挡板）即可。

1-57◆高定

[kuɛ^{22}tɔk^{11}] “独木梯”

极简单极原始的木梯。一根比楼层高度稍长的圆木，用斧头或锯子砍出一级一级的锯齿状凹槽供脚踩。独木梯可移动，不占用空间，适合于临时使用或空间有限之处。

1-58◆布央

二 其他建筑

[teŋ^{11}qɛ^{31}] **“茅厕”**

建在鱼塘上面，结构简单的小房屋。四根柱子立于高出水面 20 厘米左右的垫柱石上，四面装以木板，里面有用木缸做成的坑。

1-61◆高定

1-62◆平流

1-63◆平流

[tɕuaːn^{22}q^{h}u^{353}]“猪圈”

房屋底层用长木块围成的圈养生猪的方形畜圈。圈门与一般的房门不同，不是前后推开，而是在两边门柱上开凿出三四厘米宽的槽道，然后将一些厚实的木板放入槽道里并用楔子打紧，不然猪会用鼻子拱开。喂猪时无须把所有的挡板全部取下，只要方便将猪食倒入猪槽或猪盆即可。过年时会在猪圈门上贴上写着“畜牧兴旺”的红色纸条。

[tɕuaːn^{22}vai^{11}]“水牛圈”

圈养水牛的畜圈。圈门的构造与猪圈门类似，略微不同的是，水牛圈门的挡板一般要封顶，不能留有空当，之后还要上锁或打上楔子，以免水牛用犄角把门板逐一挑开。以前的牛圈和猪圈都要围得很严实，不留空当，防止猛兽跳入圈内袭击家畜。

[tɕuaːn^{22}ma^{31}]“马厩”

房屋底层用于圈养马匹的方形围栏。围栏一般较高，防止马儿跳出。传统上侗族地区家家户户养牛，但马养得很少，养马主要为了驮运重物。

1-64◆平流

1-65◆高定

[tɕuaːn^{22}le^{22}]“羊圈”

圈养羊群的木棚。地面用木板或圆木条搭成，而且一般要高出地面一米左右，木板或木条之间留有缝隙，方便羊粪落下，保持羊圈的干燥。

1-67◆石碑

[ɬɔ^{31}]“谷仓”

专用于贮藏粮食的独立小木屋。多为只有四根柱子的吊脚小楼，不架设楼梯，只备有可移走的独木梯。柱子上一般还会绕上铁皮，以防老鼠沿柱子爬上谷仓。出于防火和防鼠之需，谷仓大多独立建在离住房有一定距离之处。若住房发生火灾，可确保不会殃及谷仓。此外，为了就近取水灭火，谷仓多建在鱼塘上面或水源附近。另外为防止老鼠等从其他建筑物跳到谷仓上，谷仓需与周边建筑物保持一定距离。

1-68◆寨明

[liaːŋ^{53}] "晾谷房"

设有晾晒稻谷架子的木房或谷仓。一般为两开间，一开间密封，是储藏稻谷的谷仓，另一开间敞开，是晾谷间。在两组平行的柱子上凿出不同高度的洞眼，将横木穿过洞眼作为架子，禾把就挂在横木上晾晒。横木之间的距离不能太小或太大，一般与禾把的高度相当。

[lɔk^{11}qaːi^{53}] "鸡棚"

以木条拼搭成的方形大木笼。底部有四脚，四周的木条之间有缝隙，缝隙稍比鸡头大些，便于鸡把头伸出啄食。长条形的食槽放在鸡棚的外面。过年时人们会去山上采紫金牛果挂在鸡棚上，认为这样能保来年六畜兴旺。

1-66◆布央

1-69◆三江县城

[liaːŋ^{53}paːŋ^{322}] **“晾谷架”**

专门晾晒禾把的架子。多以两根木头扎地而立，其间绑有很多横木，架子的前后都有圆木作为支撑。禾把就挂在横木上晾晒，四面通风，光照条件好，晾晒效果优于晾谷房。

1-71◆弄团

[jeu^{11}man^{11}] **“薯窖”**

用于储藏红薯、芋头等农作物的窖洞。一般设置在离家不远的山坡上。窖口大小与木薯窖相近，但窖身与窖口持平，无须往下深挖。

[mən^{53}] **“泉水井”**

天然泉眼处以大石块围成的方形水井。水井上一般会加盖亭子作为井亭，亭内设有长凳，供人喝水歇脚。炎炎夏日里人们常在此饮水乘凉。

1-73◆高弄

1-70◆程阳

1-72◆平流

[ŋaːu^{322}man^{11}mai^{31}] **“木薯窖”**

用于储藏木薯的地窖。窖口一般高 60 厘米宽 50 厘米左右，多为石板砌成。窖身比窖口低，深一两米，长宽皆为一米左右，窖壁挖有供脚蹬的坑窝，方便存取木薯。

[tɔm^{31}nam^{31}] **“水窖”**

旱地上用来蓄存雨水灌溉农作物的地窖。一般直接在远离水源的山坡上挖出一个三四米见方的土窖，为了防渗漏，提高保水效果，窖底和四周现多用塑料布铺垫。

[liaːŋ^{31}teŋ^{11}] **“凉亭”**

常见的木结构单体公共建筑。田间地头，道路旁或井水边，山上或渡口处，都建有一座座大小不一、式样各异的凉亭，以供人们劳作之余或跋山涉水后歇脚休憩，遮阳避雨。

1-74◆布央

1-75◆布央

[$tɕ^{h}aːŋ^{11}laːŋ^{11}$] “廊亭”

沿主要道路修建的长亭。一般建在寨中鼓楼旁，也可建在风景优美之处，具有遮阳、防雨等功能，村民也常常聚集于此休憩、观景。

[$tuaːi^{53}nam^{31}$] “水碓”

河畔或溪流边借用水力代替人工舂米的舂碓。水碓的构造原理、工作原理以及安装与一般的舂碓一样，差别在于其动力来源不是靠人去踩，而是靠水力带动。水力运作有两种方式：水轮式和水箱式。前者用流水冲击水轮使之转动，轮轴上的拨板臼不断拨动碓尾，使碓头一起一落地舂米。后者利用碓尾水箱的蓄水和排水带动碓头的起落来舂米。

1-77◆干冲（杨忠平摄）

1-76◆干冲（杨忠平摄）

1-78◆平流

[jaːn^{11}tuaːi^{53}nam^{31}] **“水碓房”**

为水碓遮挡风雨、防止家禽家畜进入的低矮小屋子。水碓房的建造比较简单，多只搭建一个两面倒水的棚子或小屋子，多盖杉木皮，墙壁亦多用杉木皮夹成。

[kəm^{44}] **“臼”**

舂米用的传统碓臼。用青岩石凿制而成，呈上大下小的圆锥体形状，高一尺二至一尺五之间，中间全部凿空，内壁刻着米粒深浅的斜形凿纹。碓臼有 10 厘米左右的保护外层，增加碓臼自身重量，便于固定在地面上。

[tuaːi^{53}] **“舂碓”**

脚踏式舂捣器具。由碓身、碓臂、碓床、碓嘴和碓臼五大部件组成。碓身长三米左右，选用直径为 20 多厘米的木料制成，经久耐用。碓身前端凿一孔眼，套上碓嘴的榫头，尾端削平，便于用脚踩踏，并在适当位置凿一孔眼，穿过碓臂的榫头。

1-79◆高定

1-81◆布央

[ɬa¹¹ɬəi¹¹]“糍粑臼杵”

舂捣糍粑专用的木杵。一般用枫木制成，有手臂粗细，长度约为成年人的身高。有些两头大中间小，有些一头大一头小。舂糍粑时两个人各持一根木杵轮流舂捣。

[tɕe⁵³]“油榨”

用来榨油的传统器具。含榨身、榨槌、榨楔、榨箍等构件。榨身用一根坚硬的巨木制成，中间挖空成槽，便于装卸榨楔等。榨楔亦用坚硬杂木做成，有各种型号和功用。榨箍用来把蒸熟的油料包扎成饼。油榨分两种：一种是轮锤榨，也叫小榨或雷公榨，手握锤柄把木锤高高扬起后狠狠砸下，通过挤压榨楔把油脂榨出；另一种是悠槌榨，又叫大榨，其榨槌是一根四五米长的硬杂木，用藤索吊在半空中（见图1-83），来回拉扯榨槌，从侧面撞击榨楔，进而把油脂挤榨出来。传统油榨已很少见，多被现代的榨油机取代。

1-84◆拉旦（杨忠平摄）

1-80◆布央

1-82◆高秀

[laːŋ^{13}tɕɔk^{44}ɬəi^{11}] “糍粑臼”

春捣糍粑专用的长方形木槽或石槽。木槽多用枫木凿出，用枫木臼打出来的糍粑有股特别的清香味。

[mɔ^{322}] “磨”

粉碎大米或其他谷物的石质器具。在电气化器具出现之前几乎每家每户都有一个，常用来磨米供小孩食用。

[ju^{11}tɕe^{53}] “榨油坊”

传统手工榨油坊。现已少见，多被现代榨油厂取代。内设榨油机、灶、锅、甑等物，有的还搭建一间小房，供存放工具和工人休息。茶油树是侗族地区的主要油料植物，家家户户都种植。为方便榨油，一般一个村寨都会有一两个专门用来榨油的简易房屋。茶籽一般在晚秋收获，冬天榨取茶油。

1-83◆拉旦（杨忠平摄）

[tɕeu^{11}] “风雨桥”

又称 [tɕeu^{11}va^{13}] “花桥”。亭阁式长廊形桥梁。由桥墩、桥身、桥廊和亭阁等组成。青石筑墩，桥身为纯木结构。桥面铺板，两旁设栏杆、长凳，桥顶盖瓦，形成长廊式走道。亭阁建在桥墩上，层次分明，檐角飞翘，美观别致。亭阁顶部及翘角飞檐上饰有飞鸟、葫芦串等，内部的悬柱、挑梁和板壁上亦多有彩绘或文字，或挂满香包等吉祥物。侗乡多桥，数量多，形制多，风雨桥最广为人知，被誉为侗族木构建筑一大瑰宝。

1-85◆林溪

[jeu^{11}ŋe^{31}] “瓦窑”

烧制瓦片专用的圆形穹顶窑洞。现已不多见，大多被大型的砖瓦厂取代。将黏土制成的瓦片晒干后一层层整齐码放在窑洞里高温烧制成青瓦，青瓦是传统侗族地区盖瓦的主要来源。

1-88◆岜团

1-87◆平流

[jeu^{11}t^{h}aːn^{353}] “炭窑”

烧制木炭的小泥窑。依地势挖掘而成。一般在树木资源丰富、坡度较小的坡地，靠近水源，土壤要坚实。

[jeu^{11}tɕuaːn^{44}] “砖窑”

烧制火砖的窑洞。由窑洞和出烟烟囱组成。现已少见，大多被大型的砖瓦厂取代。

1-86◆林溪

1-91◆高友

[lau^{11}]“鼓楼”

侗族村寨的标志性木构建筑。宝塔形结构层层收缩而上，犹如一株巨杉。上部为伞形宝盖顶，有四角、六角、八角形状，工艺精巧，造型别致；中部是层层叠楼，从上而下逐层加大；下部为地面，多为正方形，中间是火塘，四周设有长木凳。楼内横梁上挂满亮布、侗锦和香包，旧时顶层放置大木鼓，遇火灾、匪情等即击鼓报警，鼓楼因此得名。鼓楼主体一般为四根主承柱、十二根檐柱，代表一年四季十二个月，寓意岁岁月月平顺安康。顶上的葫芦串代表洪水滔天神话中拯救人类始祖的神物，寓意人类繁衍代代相传。鼓楼集报警、议事、迎宾、娱乐于一身，是村寨的中心。

1-90◆高定

[lɔ^{31}pia^{44}]“石板桥”

以整块大青石板横架在溪流或沟渠上而成的石桥。比木桥牢固、耐用，牛马等家畜也能通过。

1-89◆平岩

[tɕeu^{11}mai^{31}tɔk^{11}]“独木桥”

简易的人行桥。常用一面（或多面）削平的圆木做成,架在跨度不是很大的小溪上。独木桥的一头一般会用绳索系牢，防止溪流涨水被冲走。

[ɬa:k^{31}lau^{11}]“鼓楼坪”

鼓楼前较为宽广的平坦露天场地。多用青石块或鹅卵石铺就，并镶嵌出日月星辰等图案，多以圆形为基本形状。鼓楼坪紧靠鼓楼，是鼓楼延伸出来的公共活动场所，是村寨的露天文化广场，寨子里的大型仪式或娱乐活动都在这里举行。

1-92◆高定

1-94◆知了

[ɬɔŋ^{322}mən^{31}] “迎客松门”

临时搭建的迎宾设施。用新砍伐的整株竹子扎成，或在竹木搭成的大门框上插上一些新折下来的松树枝条。

1-93◆高定

[k^{h}uaːŋ^{13}tɔ^{44}lau^{11}] “鼓楼门槛”

鼓楼大门的门槛。一般高出地面半米左右，普通成年人都要扶着门框才能勉强跨过，一则可防止牛羊猪等家畜进入，二则可避免蹒跚学步的小孩爬出鼓楼。

三 建筑活动

1-95 ◆高岜

[p^{h}a:i^{11}ja:n^{11}] “排屋架”

木楼竖立前的必备环节。排屋架之前先要 [ɬuk^{11}ka^{53}] “搭架”，即搭起一排约 45 度倾斜的木架，为排屋架提供支撑。木架的宽度与木楼构架的宽度相当，横档高度与构架的檐柱（边柱）大致相同。搭架后即来排屋架。先把中柱立起来，然后将数根穿枋穿过柱子上不同位置的方形枋眼，之后再依次把二柱、外柱（边柱）、檐柱（长挂柱）等套过穿枋，直至形成一排构架。以此方式排起其余构架，一排排紧挨着斜靠在搭架上。

1-96◆布央

[tɕep^{31}ɬaːk^{31}jaːn^{11}] “垒屋基”

开挖屋基过程中的重要环节。侗族地区多山地，平地少，要得到一定面积的平整地基就需要用石块垒砌地基墙脚。

[k^{h}ai^{13}ɬaːk^{31}jaːn^{11}] “挖屋基”

建干栏式木楼需要挖出一定面积的平整地基，以让木柱落在同一水平地面上，保证木楼的端正平稳。

1-97◆平岩

1-99◆岩脚

[tɕem^{44}ja:n^{11}] “竖新屋”

将一排排屋架立起来并组装成主体构架的过程。包含 [ka:i^{21}tɕin^{11}] “起正”、[tai^{11}la:m^{322}] “持拉绳索”、[tɔ^{22}pa^{44}meu^{31}] “架剪刀架”、[tɕuŋ^{44}ta^{322}pa:i^{44}] “抬移就位”等十余个步骤或环节，一般历时约半天，需要众人协作才能完成。这是木楼建造过程中最关键、最精彩也最能体现协作互助精神的环节。

[ɬa^{11}tɕɔk^{44}na:m^{322}] “夯土杵”

用来夯实地基或土墙的木杵。两头大中间小，长度与一个普通成年男子的身高相近，一般用材质较好的杂木制作。

1-98◆高秀

1-100◆岩脚

[kaːi^{21}tɕin^{11}] “起正”

把斜靠在搭架上的一排排屋架竖立起来，主要使用“竿推”“索拉”两种办法。“竿推”是在八九米长的大竹竿的一头钻孔，用绳索穿过孔眼后系成索套，套在第二根穿枋上的不同位置。同一位置前后各一根竹竿，便于后推前拉，共同发力。“索拉”即将绳索系在各个柱子顶端与最后一根穿枋相交处，也是同一位置前后各一根绳索，便于前牵后拉，协同工作。为避免绳索滑脱，绳索要将柱子与穿枋一起绑定。使构架竖立的主要力量来自“索拉”（侗语 [kaːi^{21}tɕin^{11}] 即“拉正”之意），“竿推”起辅助作用。

[tɔ^{22}ɕuaːn^{44}] “插斗枋”

一排屋架立起并移动到特定位置后架上斗枋与另一排屋架相连接的操作。此步骤侗语意即“放斗枋”，即将斗枋插入事先开凿好的柱眼里。上下左右不同位置的斗枋要同时支架，以保证整排屋架在各个位置上衔接得整齐平行，不但能提高工作效率，也能保证构架衔接得平稳与牢固。由于斗枋较大较重，一般需用木锤击打方可插牢。

1-103◆岩脚

[tɔ^{22}liaːŋ^{31}tɕɔ^{53}] “扭索加固”

两排屋架间所有的斗枋穿插完成后，接下来就是进行加固工作，使两排屋架间的衔接到位，结合紧密。办法之一便是“扭索加固”，即将一根粗大的绳索围套在两根对应的柱子上，在上下两根平行的斗枋之间再用一根木棍不断扭绞绳索，产生的绞力将两根柱子相向拉紧靠拢，进而将斗枋插紧插牢。

1-104◆岩脚

1-102◆岩脚

[tɕuŋ^{44}ta^{322}paːi^{44}] “抬移就位”

一排屋架竖立后整体抬移到特定位置的操作。办法是用一根根部直径二十厘米左右、长十几米的杉木横向绑在各个柱子离柱脚约 1.3 米的地方，作为“挑担”将整排屋架担着，然后一二十号人一起发力将屋架抬起移动。由于屋架很重，只能是担起一次挪动一步。为防止屋架抬移过程中发生倾斜或倾倒，有的执掌剪刀架，有的推拉竹竿，有的持拉绳索，各司其职，默契配合。

[tai^{11}laːm^{322}] “持拉绳索”

避免屋架竖立后倾倒的必要操作。屋架立起后需要整体抬起移动到特定位置，之后还要进行穿插斗枋等操作，其间都要前后两队人马同时持拉绳索，以防止屋架在移动和穿插斗枋时倾斜或倾倒。

1-101◆岩脚

1-108◆岩脚

[ɬaːu^{322}qaːu^{44}liaːŋ^{11}] “制作梁木”

梁木要竖新屋当天砍伐新生木材制作而成，有吉日取材之意。首选木材是香椿树，没有则选杉木。杉木以多株丛生者为珍，附近有符合要求的杉木可优先取用，不管是哪一家的。制作梁木要在远离新房子的河边或大树下进行，制作梁木过程中产生的木屑木块等不能拿去当柴烧，而要留在河边或大树下。梁木有时会漆上红色，以图吉利。

1-106◆岩脚

[taːk^{22}q^{h}uaːn^{13}ɬek^{31}ɬaŋ^{11}] “打直木钉”

木枋穿插到位后需用木钉固定，侗语称[taːk^{22}q^{h}uaːn^{13}ɬek^{31}]“打木钉”。木钉分直、弯两种。直木钉多用来固定斗枋，弯木钉多用来固定穿枋。直木钉头尾大小基本相当，沿着柱子边自上而下竖直钉入斗枋上方的孔眼里。弯木钉的钉头小钉尾大，与立柱是垂直的，左右横向钉入穿枋上的孔眼里。

1-109◆岩脚

[pɛu^{44}lɛ^{11}lik^{31}] “包历书”

祭梁、上梁之前的重要环节。掌墨师傅用黄历书包裹一双香椿树枝做成的筷子，用五色丝绸线系在梁木的中央，之后用一块长方形红布或亮布包裹起来，最后用三枚方孔青铜钱钉入梁木里起固定作用。黄历代表文化，寓意人才辈出，筷子和亮布寓意丰衣足食，五色丝绸线寓意吉祥如意、平安和顺。

1-105◆岩脚

[taːk^{22}tuŋ^{22}] **“打柱子”**

用木锤在斗枋穿过的柱眼上方击打柱子，使柱子与斗枋结合得更紧。此举与“扭索加固”相似，增加整个木楼的稳定性和牢固性。打柱子的理想办法是 [tɔ^{22}qui^{53}vaːŋ^{31}ɕy^{11}] “使王槌撞”，即用一根直径约 20 厘米长约 2 米的圆木，头尾两处套上绳索，前后左右 4 人一同拉拽绳索使其在空中抛甩起来，利用其强大的撞击力撞柱脚，使柱子移至理想位置。

1-107◆岩脚

[p^{h}ɛk^{22}tuaːi^{53}tɕem^{44}jaːn^{11}] **“贴新居落成对联”**

木楼竖起后当天都要在木柱上贴对联，内容多为赞美能工巧匠鲁班大师和祝贺新居落成之喜以及对美好生活的期许。

1-111◆平岩

[p^{h}aːt^{22}qaːi^{53}ɕət^{44}liaːŋ^{11}] **“鸡血点梁”**

上梁前还要杀红公鸡祭天地，祈求主人平安。掌墨师傅用凿子将公鸡的鸡冠划开，将鸡血点在栋梁的不同部位，同时要念不同的祝辞，如“大吉大利、大发大昌”等。

[tau^{53}ɬa^{31}tɕ^{h}a^{353}liaːŋ^{11}] **“祭梁”**

上梁之前先祭梁。祭梁时主家用一张四方桌，摆上香纸蜡烛、糖果、瓜子、酒杯（三个或五个）、清水一碗、大米一升、熟猪肉一大块、红包一个、亮布一匹，还要摆上木匠的墨斗、曲尺、推刨、凿子、斧头等，点香烧蜡烛，祭拜先师鲁班。掌墨师傅手持清水碗，口中念诵经文，敬请先师光临。梁木上还要贴上两张红纸，上书“吉星高照”“上梁大吉”字样。

1-110◆岩脚

1-112◆岩脚

[$tɕ^{h}a^{353}lia:ŋ^{11}$]“上梁”

竖新屋过程的最后一个主要环节。祭梁结束后人们将吊挂在梁木上的鞭炮点燃，两名采伐梁木的人在鞭炮声中将梁木缓缓拉向中堂房架顶端安放妥当，然后用绳索拉上四把糯谷挂在梁木上，两边各两把。上梁完成即宣告新屋落成。

[$n̥a:n^{353}ta:ŋ^{11}$]“抛梁”

侗语意为“撒糖”。指梁木安好后从梁上抛撒糖果、糍粑等，象征天落金银财宝的“财源滚滚”之景象。众人在下面纷纷拿着帽子或袋子去接撒下的糖果和糍粑，认为接到的糖果和糍粑越多就越有福气。

1-113◆平岩

1-114◆高定

1-117◆平岩

[tɔ^{22}ɬai^{11}]“架檩条”

木楼屋顶作业的第一个环节。架设檩条涉及水步和屋面坡度等复杂问题，颇为讲究，需要掌墨师傅有精湛的技艺。两条檩条之间的距离不能太宽，也不能太窄。宽了盖瓦时椽子会承受不了，盖瓦人也难从一根檩条跨到另一根檩条，若踩在椽子上则会将其踩弯踩断；窄了又浪费材料。同样，屋面坡度不能太陡，也不能太平。陡了瓦片容易滑落，平了下暴雨时会发生倒漏。

[p^{h}u^{13}pet^{31}]“铺楼板”

木楼装隔的主工程之一。木楼先竖构架后装隔，主要包括铺楼板和装板壁。地板和壁板一般都用杉木板，因为杉木板平直轻便，不易变形，易于加工。楼板铺装在过间枋和桁条上，并与之垂直。楼板铺设一般以开间为单位，以中柱过间枋为界分前后两个单元，每个单元独立铺设。若以整个开间的进深为单位铺装，楼板因跨度太大，涉及的过间枋和桁条过多，地面不易平整。

1-118◆平岩

[tɕɔŋ^{44}ɕɛm^{322}]“装板壁”

木楼装隔的另一大工程。涉及整个房屋的空间布局和分隔。板壁安装式样较多，工艺也各有不同。最常见也相对简单的一种是装“跑马壁”，即先在上下楣枋和左右抱柱枋上拉槽，再把加工好的木板一块块装上。装法有两种：一种是把板材的两头和外侧一边削成适合枋槽宽度的榫头后再行安装，另一种是不用削榫而是用枋槽刨拉出适合槽宽的榫条再一块块装上。后者能使板壁的前后两面成为平整的一厢墙壁（见图1-118）。

1-115◆布央

[tɔ^{22}q^{h}aːk^{22}]“架椽子”

屋顶作业的第二个环节。用钉子将椽子钉在檩木上，与檩木保持垂直。椽子之间要保持平行并有一定的距离，两根为一对，两者之间空出约一根椽子的距离。

[tɕa^{44}ŋe^{31}]“盖瓦”

也称[tɔ^{22}ŋe^{31}]“放瓦”。屋顶作业的最后一个环节。盖瓦时尽量踩在檩条上，不能踩在椽子上，不然椽子容易被踩弯或踩断。一般先盖屋脊，后盖屋檐，最后收拢于坡面中间。盖好后时间久了瓦片可能会破裂或因猫、鼠、鸟等动物在屋顶走动使瓦片移动而漏水，故需要不定时翻修。

1-116◆平岩

贰·日常用具

侗族居住区多山地丘陵，气候温和，雨量充沛，森林资源丰富，侗族人民充分利用大自然的馈赠，就地取材，将周遭的竹木草藤等善加利用，制成日常用具，处处体现着侗族人因地制宜、物尽其用、绿色环保的生存智慧以及与自然和谐相处的可持续发展理念。

有些日常用具直接取材于大自然，无须多少加工，原汁原味，简单实用，旧了坏了可直接回归自然，环保节能，如以枯树墩、树干削成的小矮凳、木墩凳，保留竹竿原样的晾衣竿、吹火筒，锯竹筒而成的筷筒、竹瓢，掏挖葫芦而来的饭钵、葫芦瓢、酒葫芦，用丝瓜瓤剪成的瓜瓤帚、甑箅，用棕榈叶裁出的蒲扇，等等。

有些器具也取材于大自然，但更多地注入了侗族人民的勤劳和智慧。这些器具多用竹木草藤手工编制而成，有的工艺精巧，费时费力，但却充满情怀，从小巧玲珑的蚂蚱篓、竹笊篱到造型别致的食材篓，从紧密坚固而又透气的饭箩到坚韧十足又密不漏水的无耳饭篮，莫不如此。

侗族是一个以稻作为主的农耕民族，许多日常用具都与稻米的加工和食用息息

相关，如泡米缸钵、甑子、饭钵、饭箩、饭篮、酸汤坛等。有的用具就直接取材自稻草，如稻草床垫、草鞋、草墩凳、稻穗帚等。

侗族地区盛产木材，与干栏式楼房相匹配，许多日常用具均由木材制成，如桌椅板凳、床架、箱子、柜子、甑子、水桶、担油桶、扁木桶、大谷桶、染缸、碗盆、脚盆等。这些器具都由当地侗族木匠打制而成，有些工艺比较复杂，如甑座、水桶、担油桶、脸盆架等。

工具反映生产方式和生活内容。三江饮酒文化浓厚，有各种酒器，如酒缸、酒瓮、酒坛、酒壶、酒钵、酒提子等，一应俱全。“侗不离酸”，腌酸食品深入民心，坛坛罐罐等各种腌制器具也很多，还有专门腌制酸鱼的扁木桶。

工业化和现代化对当地的生产生活方式产生了一定程度的影响。油灯、马灯、手灯、汽灯等灯具已被电灯、手电、头灯取代，以塑料、铝合金等为基本材料的日常用具也开始多了起来。这些现代制品虽然多了几分简便，但却少了几分亲切。所幸，与传统稻作文化相关的许多器具依然活跃在日常生活中。

一 炊具

2-1◆马胖

[ɬaːu^{11}vai^{44}]“火塘”

火塘间中央用土铺成的方形火坑。四周以石块或火砖与地木板隔开，中间生火取暖做饭。火塘是火塘间最重要的设施，不仅是做饭取暖的工具，更是一个家庭的象征，一座新房建成或一个小家庭从父母家庭中分出来都要举行置火塘及点火礼。火塘亦是祭祀神灵的重要场所，人们认为火塘是多种神灵的象征，祭祀火塘是对这些神灵的敬奉。

2-3◆平流

[tɕʰaːk^{22}]“三足鼎架”

置于火塘中央架锅用的支架。脚高 20 厘米左右，便于从下边添放柴火。鼎架整体浇铸而成，三足上端连着一个圆圈，圆圈内环与三足衔接处各伸出一条下倾的舌状托架，形成三角支架，可支撑小口径锅具。冬天常将炒锅架在鼎架上，加入适量的汤水和油盐之后可往里面添加食材，一家人围坐在火塘边吃火锅。

[qu^{11}] “鼎锅”

专门用来煮饭的老式铁锅。上口径略小，锅底为圆锥形，腰身突出，内壁有些粗糙。腰部有四个突起的小耳孔，用两根铁丝连起来作为提手。用这种锅煮饭时一般按 1:1 的比例放入水和米，待水烧开至快收干时即退去明火，让火炭再煨上一二十分钟，用火塘的余热把米饭煨透，避免饭夹生。若火塘要继续用明火来烧水或炒菜，则可把鼎锅端下来置于火塘边煨烤，并不时地转动鼎锅，让鼎锅各面受热均匀。因高压锅、电饭锅的普及，这种锅已逐渐淡出人们的日常生活。

2-4◆高弄

[vai^{44}ɬaːu^{53}] “灶”

用土坯、砖等砌成的烧火做饭设施。上面开有二至四个灶眼，视家庭人口数量等情况而定。由于火塘只能架设一个三足鼎架，煮饭、炒菜、烧水等不能同时兼顾，有时需要灶台辅助。此外，热天用火塘烧菜做饭会比较热，大多会选用灶台替代。

2-2◆高秀

2-7◆布央

[taːu^{44}t^{h}aːn^{31}kɔ^{22}] **“大铁锅”**

形制与炒锅相同的大容量铁锅。口径大，锅身重，一般直接安置于灶台上而很少搬动。多用来煮猪食或蒸煮米酒，过节、办酒席时还可用来煮大锅饭、大锅菜。

[tɕ^{h}i^{22}kɔ^{22}] **“锡锅”**

锡质平底锅，锅口边沿有一对锅耳。锡锅受热快，容易烧糊食物，一般多用来烧水或煮粥。

2-6◆高定

2-5◆布央

[taːu^{44}] **“炒锅”**

宽口窄底的浅身敞口铁锅。锅口边沿有两只对称的锅耳，这种铁锅能增加受热面积，也便于翻动食材。

[tau^{53}] **“甑子”**

用杉木板拼装而成的圆柱形炊具。外部像木桶，底部口径略小，往上逐渐变大，便于装盛食物。甑身常用竹篾或铁丝箍牢，避免松动漏气。专用于蒸糯米饭，一般可蒸五至十斤不等。

2-9◆高秀

2-11◆高岜

[k^{h}a:i^{353}] “甑底”

甑子底部用木块组装成的方形格架。格架不易盛装谷物，常需在甑底搁上用竹篾编制的网格竹垫，再铺上甑箅后才能装入糯米蒸煮。如今的甑子多带甑底，直接扣在锅上即可，很少再配上甑座使用。

[tɛ^{53}] “甑座”

用来收集水蒸气的木制圆台形底座。下部中空，上部密封，只在中心位置留出一个杯口大小的方形孔眼，底部直径一般略大于上部。将甑座直接扣在盛水的炒锅上，再将甑子放在甑座上。锅里的水一般要没过或与甑座底部持平，避免木底座烧焦。

2-10◆和里

2-8◆牙林

[qam^{322}ta:u^{44}] “锅盖”

传统炒锅盖子，多选用杉木制成。有的用整块原木修成，有的用几块木板拼成。中间横贯一方木块来加固木板，木块中央挖一圆洞作为提把。杉木锅盖隔热性好，遇水后会略微膨胀、变重，起到较好的密封、加热和增压效果。

[pi^{53}mai^{13}qau^{31}] “甑箅”

用丝瓜瓤剪成的炊具。多为圆形，置于甑底上，起支撑、隔物和过滤作用，是蒸煮糯米等的必备器具。现在也有人代以纱布，但支撑、隔物和过滤效果明显逊色于甑箅。

2-12◆高定

2-18◆牙林

[juaːn^{322}] **“扁木桶”**

专用于腌制酸鱼的大木桶。高一米左右，上大下小，呈倒梯形。由数块杉木板拼接而成，外面以竹篾箍紧。将鱼沿背脊破开摊平，涂抹调料后层层码放在木桶里，最后压以石块。

2-19◆牙林

2-13◆高秀

[qam^{322}tau^{53}] **“甑盖”**

几块杉木板拼装而成的圆形盖子。中间横贯一条厚实的楔形木块起到加固各块木板的作用，木块长出的部分可当手柄用。

2-14◆高定

[ȵep^{22}] **“火钳”**

铁质长钳子。烧火做饭、冬天取暖时用来添减柴火或木炭，有时也用来夹取在火塘边煨烤的芋头、红薯等，避免烫手。

[t^{h}ɔŋ^{22}ju^{11}] **“担油桶”**

专用于挑运茶籽油的圆口木桶。大小与一般的挑水桶相仿，但底部比口部略大一些，以防油料在挑运过程中因晃动而泼洒外溢。油桶没有木水桶那样厚重的木提梁，而改用轻便又耐用的提绳，一来可以减轻木桶自身重量，二来可以避免挑运过程中晃动。

2-15◆布央

[tɔŋ^{11}ɬap^{22}vai^{44}]“吹火筒”

用竹子做成的生火用具。生火时一端对准火源，在另一端用嘴吹气，将火吹旺。

[ɕi^{11}]“火灰铲”

将火塘或火炉里的火灰火炭掏出去的小铲子。

2-16◆平流

[jɔŋ^{353}]“水桶”

用来挑水或储水的圆形木桶。由数块木板拼接而成，外面以竹篾或铁丝箍紧，厚重结实，经久耐用。现在多用轻便的锡桶或塑料桶。

2-17◆三江县城

2-27◆马胖

2-23◆马胖

[pi^{53}tɕuk^{22}kuaːŋ^{22}] **“瓜瓤帚”**

侗语意为“刷碗箅”。将丝瓜除去皮壳和瓜子，洗净晒干，切成长约 10 厘米的段，多用来洗碗刷锅。去污效果佳，又不伤锅碗，也容易清洗，优于纱布、铁丝刷、钢刷等现代制品。

[tɕy^{322}] **“碗柜”**

传统的挂壁式碗柜。在厨房的一面墙上搭建一个方形柜子，内有两层，上层放碗碟，下层放杯子、勺子等。这种墙柜一体的碗柜不占屋内空间，是木楼里常见的传统式样。

2-24◆高定

[q^{h}aːt^{22}pan^{44}] **“锅帚”**

由竹篾劈成细条后扎成一束的竹刷。用来刷锅刷灶台等。

2-22◆平岩

[myaːi^{53}ɕe^{11}] **“竹笊篱”**

侗语意为“茶勺”。竹篾编制的漏勺。打油茶时用来从茶汤中捞取茶叶。

2-26◆三江县城

2-21◆高定

[tɔŋ²²ȼɔ³²²] **“筷筒”**

截取一节毛竹制成的竹筒。多钉在木板墙或柱子上，用来装筷子、汤勺、饭勺等。下端竹节处钻有若干漏水的小孔。

[myaːi⁵³jɔ¹¹] **“铁笊篱”**

侗语意为“漏勺”。烹饪时用来捞取食物的器具。

[myaːi⁵³pan⁴⁴] **“竹瓢”**

用毛竹筒制成的瓢类盛器。竹筒侧面开一条方形浅槽，插入一根木条做手柄。一般放在井边供行人舀水饮用。

2-20◆马胖

[luaːi¹¹liaːn³²²] **“研钵”**

用泥土烧制的陶器。内有螺纹，增加摩擦力。常配以木杵，用来捣烂和研碎中草药、大蒜、辣椒等，也可用来舂捣米粉供小孩食用。

2-25◆平流

2-28◆三江县城

[laːŋ^{322}] “碗盆”

用来装碗筷、菜肴、作料等的圆形带盖木盆。盖上盖子还可临时当作小桌子。婚宴等需备大量糯米饭的场合也用来装糯米饭。将蒸熟的糯米饭倒入盆里反复翻压以增加黏度，并让蒸气充分挥发以保持糯米饭干燥。

[ja^{44}taːu^{44}] “端锅布”

用废旧布料缝制的方形厚布块。用来包着锅耳，起隔热作用。小孩腹部着凉疼痛，常拿端锅布来热敷。

2-32◆平流

2-31◆高定

[t^{h}uaːi^{13}pak^{11}] “丝刨”

侗语意为“萝卜刨”。用于把萝卜、黄瓜等擦成丝。

2-30◆布央

2-29◆高定

[qam^{322}qam^{53}ɕəŋ^{11}] “叶盖”

侗语意为“盖桌子的盖子”。竹篾编制的比较密实的大盖子。直接将饭菜罩上，以防苍蝇、蟑螂等，而且通风透气。

[ɬeŋ^{11}] “砧板”

由约 10 厘米厚的木段做成，一面推刨光滑。多选用木质坚硬又不易开裂的木材。为方便提拿，根据原木的形状削出把手。

[jut^{22}] “沥水箕”

用细竹篾编制的扁形竹筐。形似筲箕，用来淘米和盛装洗净的蔬菜瓜果。

2-33◆高定

[muŋ^{44}ma^{44}] “菜篮”

一种圆形竹篮子。用几根竹篾压弯制成提梁，方便手提或肩挑。篮身编得比较稀疏，有拇指大小的孔眼，便于通气或渗水。

2-34◆平流

2-36◆平流

[myaːi^{53}maːŋ^{53}mai^{31}]“盛米木瓢”

带手柄的簸箕形大木勺。用整块木料刨挖而成。口部收窄，上翘，便于往锅、盆等小口容器里倾倒粮食。有时也用来量米，一般分五升和十升两种。

2-37◆平流

[paːt^{11}ma^{353}qau^{31}]“泡米缸钵”

用泥土烧制而成的敞口陶器。壁厚实，底部小，用来泡米，一次可浸泡三四斤。

2-35◆牙林

[lau^{22}]“食材篓”

一种用来储藏食材的竹篓。篓身四方形，上连一个兜帽状罩子，侧面看像一只蹲坐着的猫，故有些地方称其为[tɕaːu^{11}mɛu^{31}]“猫篓”。常挂于墙上或火塘上方，内装晒干的茶叶、辣椒、花生等食材，防霉变，防落尘，也方便存取。多见于同乐、良口、羊溪、富禄、梅林一带。

2-38◆高秀

[t^{h}aːn^{11}q^{h}uaːu^{22}]“酒瓮”

储存米酒的大陶器。小口大肚，口比底略大，可装二三十斤酒。一般不配盖子，而多盖上毛巾或布块后扣以大碗等封口。

2-40◆高定

[ɬɔŋ^{44}ma^{44}ɬam^{22}] **“酸菜坛”**

腌制酸菜的陶坛子。坛口外设一盘状积水槽，称坛沿。沿口稍低于坛口，坛口扣上坛盖后要往坛沿里加入适量的水，可阻隔外面的空气进入坛内，有利于酸菜的发酵和长期保存。

[tʰaːn^{11}qʰuaːu^{22}ʔəm^{53}] **“密封酒坛子”**

酿制糯米甜酒的陶坛子。将蒸熟的糯米饭倒入簸箕等敞口盛器拌散，冷却至常温后撒上适量酒曲，边撒边拌，搅拌均匀后装入坛子，盖上盖子并以稀泥密封，放置于恒温处发酵一两个月即成。

2-39◆平岩

[ʔɔŋ⁵³qaːm⁴⁴]“酸汤罐”

火塘边用于酿制侗家酸汤的陶罐。将糯米浸泡后舀出，泡米水沉淀后倒走上层清水，将底部类似米浆的部分灌入置于火塘边的罐中恒温发酵，便可酿出酸味适中的淡黄色清水酸汤。酸汤是侗家烹制酸汤食物必不可少的底料，加上辣椒、食盐等调料，味道酸辣清香。酸汤还可用来洗发、护发，是侗家妇女传统洗发护发用品。

2-41◆平铺

2-45◆高秀

[peŋ¹¹ju¹¹]“油罐”

用来装猪油等动物油的带提耳无嘴陶瓷小罐。罐壁厚实，可直接盛装刚炼好的猪油，隔热性较好，避免烫手。动物油遇冷凝结，只能用汤匙等器具舀取而无须设罐嘴。

2-44◆布央

[kaːŋ⁴⁴qau³¹]“米缸”

装米用的敞口大陶缸。壁厚实，盖以厚实的大木盖，防鼠防潮防虫。

2-46◆三江县城

[peŋ¹¹çe¹¹] **“茶壶”**

用来冲泡茶叶的带提手和壶嘴的陶瓷壶。壶壁厚实，有很好的保温和隔热作用。

[kaːŋ⁴⁴nam³¹] **“水缸”**

用来蓄水的敞口大陶缸。一般可装两三百斤水。侗族有新娘新年挑新水的习俗，大年初一新娘要着民族服装到井亭挑井水注满家里的水缸，寓意新年纳新福，也是新娘向村民展示其勤劳持家的好时机。

2-43◆布央

2-42◆布央

[kaːŋ⁴⁴qʰuaːu²²] **“大酒缸”**

用来储存米酒的小口肚大的陶缸。容量比较大，可装五六十至上百斤米酒，一般存放于屋内阴凉干燥处。

2-52◆布央

[muŋ^{44}ɕaːŋ^{11}ʔaːn^{44}]“熟食篮”

圆柱形带盖大竹篮。深约 15 厘米，有拱形竹提梁，便于肩挑和悬挂。篮身密实而透气，多用来装鱼肉饭菜等，可挑到户外，也可悬挂于屋内，防蚊蝇、蟑螂、老鼠等偷食。侗语意为“长安篮”，据传这种篮子传自邻县融安县县城驻地长安镇，该镇曾是湘、桂、黔三省（区）交界中心区域和商品集散地。

2-49◆高定

[kʰiŋ^{353}]“饭箩”

用细竹篾编成的方底圆口的带盖盛器。细竹篾编出的箩身厚实细密又能透气。多用来装糯米饭，能保持糯米饭干燥柔软可口。

[pɔ^{322}]“葫芦饭钵”

专用来盛装糯米饭的器皿。选用老熟的扁圆葫芦开口掏籽掏瓤而成。切开的口子为碗口大小的圆帽形，方便装取糯米，一侧切出鹰嘴敛口，瓜蒂作为天然盖柄。用竹篾编制圆篮子作为底座，方便手提或肩挑。常用来装糯米饭到户外食用，能保温、保鲜，又透气干爽。

2-53◆高弄

2-50◆知了

[la^{11}]“饭篮”

圆底圆口浅篮子。底小口大，深约 10 厘米，多用竹篾或藤条编制，口侧有两耳。专用来盛装糯米饭等。

[p^{h}ɔ^{11}]“酒钵”

窄底敞口陶钵碗。带提耳和鹰嘴敛口，多用来斟酒，也用来斟油和汤水等。

2-48◆布央

[pɔ^{322}qɔ^{11}q^{h}ɛu^{13}]“酒葫芦”

侗语意为“细脖子葫芦”，是装酒水在户外饮用的盛器。选取老熟的亚腰葫芦，开口掏籽掏瓤制成。塞子多用木头或竹子削成，遇酒水膨胀，密封性好，也不容易滑脱。酒葫芦轻便结实又防摔，广受欢迎，尤其深受老人喜爱。

2-47◆平流

[jy^{44}qau^{31}]“无耳饭篮”

无提耳的小饭篮。用当地高山上一种特有藤条编制，遇水藤条膨胀，使篮身密实不漏水，又容易风干，不易发霉或腐烂，便于洗刷，经久耐用。图中的饭篮据说已有近百年历史，坚硬如铁，却又轻巧有弹性，且不易变形。

2-51◆高定

2-55◆布央

[ɕaːŋ¹¹tɛ²²təi³²²] “地铺”

把席子、床垫等直接铺在地上而成的铺位。侗语意为“地面床”。侗族地区多为木楼和木地板，打地铺很方便，家里临时来客多，床铺不够的话即可临时打地铺。

2-56◆平流

[ɕaːŋ¹¹kək¹¹] “架床”

以两条长凳子做支撑，铺上木板即成的简单卧具。条件好一些的家庭会请人打造结构复杂一些的。如今条件改善，架床已很少见。

[kui⁴⁴nɔŋ³¹] “摇篮”

用竹篾编制的婴儿卧具。形似椭圆形篮子，用绳索悬挂于屋子中央，通风凉快，亦可前后左右摇动，有助于婴儿睡眠。

[ɕaːŋ¹¹] “床”

传统上多为自行打造或请木匠打造的木床，包含床头、床板、床架三大部分。讲究一些的还有支撑蚊帐的木架子，蚊帐外围的正上方和左右两边装有楣枋和柱枋，上面雕刻有花鸟等装饰图案。

2-57◆孟寨（杨忠平摄）

2-54◆布央

2-61◆平流

[jaːŋ^{322}men^{11}]“棉被”

侗语意为“套了棉胎的床单”。旧时盖的被子大多用自种的棉花制成棉胎。如今自种的棉花少了，多购买现成的棉胎或棉被。

2-62◆平岩

2-59◆高定

[vaːŋ^{44}ɬen^{53}]“稻草床垫”

用干稻草编制而成的床垫。垫在席子下面，可保暖，特别适合冬天使用，深受老人喜爱。

[jaːŋ^{322}taːn^{44}]“被单”

传统手工编织的床上纺织品。一般都绣有精美的图案。侗语中铺床用的床单和套棉胎的被套都称 [jaːŋ^{322}taːn^{44}]。

[t^{h}aːn^{322}]“毯子”

铺在床上或睡觉时盖在身上的毛织品。较床单厚重一些，又较棉被轻薄。

2-63◆平流

2-60◆平流

[men^{22}pan^{44}] **“竹席”**

用竹篾编制而成的席子。质地较硬，不能折叠，只能卷起收藏。

[men^{22}qau^{31}] **“草席”**

用稻穗茎编制而成的席子。一般不能折叠，只能卷起收藏，用过一季后席面容易发黄。草席质地柔软，深受老人喜爱。

2-58◆平流

2-64◆高秀

[taŋ^{53}tɕɐu^{322}pan^{44}] **“竹躺椅”**

全竹材打造的轿式靠背躺椅。主要架构为粗细不同的竹管，主要制作方法有烘弯、钻孔、榫接、打竹钉等。设有扶手和可伸缩调节的脚垫。凉快舒适，是夏天休息纳凉的理想选择。

2-65◆布央

[taŋ^{53}paːn^{53}] “二人凳”

长为一米左右的凳子。一般够两人坐。侗语意为“伴凳”，即供人相伴而坐的凳子。

2-66◆高秀

[taŋ^{53}ʔiaːi^{22}] “大长凳”

摆放在厅房和长廊里的长凳。长度一般就是厅房一面墙的长度，可供多人坐，也可供躺着小睡。

[taŋ^{53}tɔk^{11}] “小方凳”

侗语意为“独凳”，是仅供一人坐的方形小木凳。

2-68◆高定

[taŋ^{53}ŋaːn^{31}] “高方凳”

比一般的小方凳高出近一倍的凳子。以前是用老式轧棉机分离棉籽时专用的凳子。

2-67◆高秀

2-71◆布央

2-70◆布央

[qɔk¹¹vaːŋ⁴⁴] “草墩凳”

用稻草编制的圆柱状实心凳子。软硬适中，特别适合老人。

[tɕɛu³²²nɔŋ³¹] “儿童座椅”

供未学会站立的儿童使用的木座椅。在一块厚实的方形木板上凿四个孔，插四根方形木条，之间连横木条，起加固作用，又可做护栏。靠背和左右手三面都立有木条作为护栏，防止小孩钻出。里面近靠背一侧设有高出底板的座面，座面前搭有横木，可供小孩抓握，横木中间用一根木条与底板相连，隔出两个空格供孩子放腿，整个结构结实牢固。

[qɔk¹¹] “木墩凳”

用原木简单加工而成的坐凳。有的用一截圆木剖出两个平面而成；有的从圆木一侧剖出一个平面，从另一侧刨去中间部分形成两只凳脚；有的干脆就是锯下的一截树墩或木墩，无须任何额外加工，直接立在地上（见图2-69）。侗语[qɔk¹¹]意为“木墩，树墩”。

2-69◆布央

四 其他用具

2-72◆和里

[muŋ44lɛ21] “书篮”

书篋。一种竹质方形箱子，有盖子，在提梁的两边靠近盖子处分别开一长方形孔眼，用一根扁竹条横穿而过作为盖栓，防止盖子意外打开。篮身结实细密，可防雨水。旧时专门用来放书籍，可手提可肩挑。

2-74◆平流

[ka53pən11na22] “脸盆架”

用来放置脸盆的木架。椅面是支撑脸盆的十字形支架，齐腰高，方便站着洗脸。靠背上安有梳妆镜，梳妆镜下面设有小平台，放置香皂、梳子等用品。比较讲究的脸盆架会上油漆、雕花等。

[lɔ11paːu44] “四角方箩”

侗语意为“角箩”。中等大小的竹质容器，箩身细密结实。底部四角处各有一只“脚”，为一截木棍或竹棍，用于支撑箩筐，避免潮湿。旧时多为商人所用。

2-73◆和里

2-76◆平岩

[kaːn^{322}] **“晾衣竿”**

悬挂在屋檐下的竹竿，用于晾晒衣物。多选用毛竹、金竹、撑篙竹等。

[pən^{11}ten^{44}] **“脚盆”**

洗澡、洗脚或洗衣服用的圆形大木盆。多用杉木制成，轻便，遇水不变形。

2-75◆高秀

[p^{h}aːt^{11}vai^{44}] **“火钵”**

冬天取暖用的圆形大肚陶质火盆。中央开圆口，里面放置炭火，盆口四周开有孔隙，为钵内燃烧提供充足氧气。遇阴雨天也可把装有谷物的焙箩置于火钵上慢慢烘烤，以防谷物发霉发芽。

2-81◆和里

2-79◆牙林

[ma^{322}taŋ^{22}] “马灯”

一种主要以铁皮制成、有玻璃罩子可防风雨的煤油灯。底部为灯座，也是燃料壶，一侧开有注油孔。灯座上连着灯头，一侧设有灯捻旋钮，可调节灯捻长短和灯火大小。灯罩外为粗铁丝做成的交叉框架，两侧是灯架，上端为提环，灯盖上有孔。现在只用于野外等不通电的少数场合。

[vai^{44}ju^{21}] “油灯”

旧时照明用或祭祀用的陶瓷油灯盏。灯油多用植物油，尤其是茶籽油，灯芯为灯心草的茎髓。

2-77◆高友

2-80◆和里

[tɕ^{h}i^{13}taŋ^{22}] “汽灯”

一种照明用具。外形上与马灯有些相似，但二者工作原理不同。汽灯将煤油装入灯座后需要往里打气，产生的压力使煤油变成气体从灯座上方的灯嘴处喷出，喷射到炽热的纱罩上，纱罩遇高温会发出耀眼的白光。一盏汽灯可把二三十米的范围照亮。汽灯通常在大型活动或重要场合才会使用。随着电灯的普及，汽灯也已逐渐淡出日常生活。

[ɕau^{322}taŋ^{22}] “煤油灯”

侗语意为“手灯”。以煤油为燃料的灯具。玻璃灯座，灯头则多以铜或铁制成。灯芯用棉绳。常配有玻璃防风灯罩。随着手电筒和电灯的普及，旧式煤油灯已逐渐淡出日常生活。

2-78◆和里

2-84◆高定

2-85◆高定

[pən^{11}puŋ^{53}] "撮斗"

侗语意为"尘盆"。撮垃圾用的木质带柄方形铲状用具。形似撮箕，方便将粉尘等拢入撮斗里。

[vaːŋ^{44}ɬət^{44}pan^{44}] "竹扫帚"

毛竹枝条捆扎成的扫帚。多用来打扫庭院或室外粗糙不平的地面。

[myaːi^{53}maːŋ^{53}] "瓜瓢"

用葫芦干壳做成的勺状盛器。选用成熟的瓢形葫芦瓜锯掉一半或一小半而成。用来盛装谷物喂养家禽。切开的口子便于均匀、适量分撒谷物。

2-87◆平流

[vaːi^{11}pa^{53}ɬɔŋ^{44}liu^{21}] "蒲扇"

侗语意为"棕榈叶扇"。直接取棕榈科植物蒲葵的叶、柄裁剪而成，外围多缝上布边。轻便结实，价格便宜，外出还可以遮挡阳光，特别适合老人使用，是常见的扇子。

2-82◆平流

2-83◆高定

[vaːŋ^{44}ɬət^{44}] **“稻穗帚”**

用脱去谷粒后的稻穗扎成的扫帚。适合清扫粉尘，多用来清扫木地板或比较干燥的地面。

2-86◆平铺

[paːŋ^{11}qau^{31}] **“大谷桶”**

储存谷物或米糠用的大木桶。口部比底部略大，高约 1.3 米，口部直径约 1 米，可装四五百斤谷物。

[ɬaːu^{11}q^{h}u^{353}] **“猪槽”**

几块厚木板拼合成的长方形浅木盘。也有用一整段大木料挖凿而成的。用来装猪食喂猪。

2-88◆高定

2-93◆平流

[tɕɛu^{53}qaːi^{53}] **“鸡罩子”**

顶部开圆口的竹编大罩子。把鸡鸭罩上，起临时关养、隔离作用。

2-94◆牙林

[jau^{11}nɔk^{11}] **“鸟笼”**

简易竹编大眼鸟笼。内置两截竹筒，分别装水和食物供鸟儿食用。

2-95◆牙林

[meu^{44}] **“蚂蚱篓”**

专门用来装昆虫喂鸟的蘑菇形小竹篓。篓身细密透气，篓口装有盖子，可防虫子闷死或外逃。侗族男子用这种特制的小竹篓来装捕获的蚂蚱、蜘蛛等。

[jau^{11}qaːi^{53}] **“鸡笼”**

平底半圆身长形笼子。有竹篾弯成的提梁，盖门开于一侧。多用来装运成鸡，一般可装六七只。

2-92◆知了

2-90◆车寨

2-91◆平流

[tɕaːu^{21}qaːi^{53}] **“鸡崽笼”**

装母鸡和小鸡的竹编笼子。周身编得密实，顶部留方形小孔眼，仅在一头设供出入、可用绳索系牢关紧的方形小门，避免鸡崽钻出鸡笼，也可避免遭黄鼠狼和猫狗等袭击。

[tɕaːu^{21}pət^{44}] **“鸭崽笼”**

竹编瓢葫芦形笼子。底部大，上部收小，多配盖子。带提绳或竹篾提梁，方便手提或肩挑。多用来装鸭崽，夏天可置于水田里或溪流边为鸭崽降温，又可防老鹰等猛禽叼食。

[tɕaːu^{21}q^{h}u^{353}] **“猪笼”**

竹篾编制的大眼笼子，用来装运猪崽。

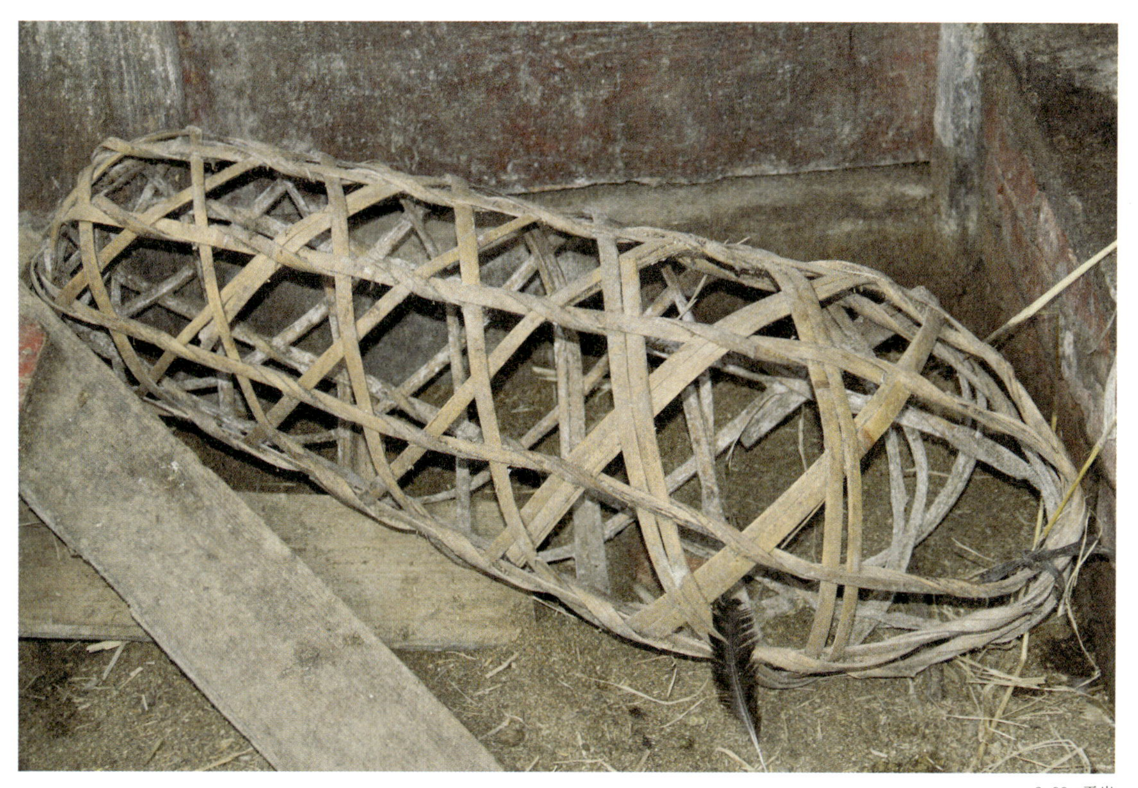

2-89◆平岩

叁·服饰

“穿不离带，饰不离银，服不离绣，裙不离纳，头不离帕，足不离钩花鞋”是侗族服饰特征的高度概括。三江侗族服饰异彩纷呈，造型美观大方，刺绣巧夺天工，编织细密精致，图案精美传神，款式丰富多样，或古朴或雅致，又不失地方特色和乡土气息，构成了三江侗族古老而奇特的服饰文化。

传统上侗族普遍自种棉花、采麻，男女服饰多用自种自纺自织自染的侗布做衣料，细布绸缎为拼料，织绣、羽毛、银饰等做装饰，以青、蓝、紫、白为主色。各类服饰种类繁多，各地男女装和童装、冬春装和夏秋装、便装和盛装均有很大差别。女子盛装堪称代表。

三江侗族传统女装分冬春装和夏秋装，亦分便装与盛装。平时着便装，朴素简便，节日喜庆则着盛装，华丽多姿。服饰部件主要有衣、裙（裤）、腿套、鞋、头巾、腰饰、胸饰、背饰和金银首饰等。服饰造型美观大方、款式多样，有右衽衣、左衽衣、对襟衣、交襟衣等上装，以及短裙、中长裙、百褶裙、筒裙、长短筒裤等下装。胸部围绣花围兜，腰束彩色绸缎腰带，小腿围腿套，脚穿各式布鞋。衣领、襟边、袖口、衣摆等镶宽绲边装饰，上有各种图案的彩色刺绣。

妇女喜戴银饰，头、耳、颈、胸、背、手、腰、脚等均有银饰品，头花、银帽、银冠、

耳环、耳坠、项链、项圈、胸牌、胸锁、背坠、手镯、戒指、脚链等，品种繁多，做工精美。姑娘佩戴银饰以多为美，以重为贵，多者十几二十斤，叮当作响，银光闪闪。

三江侗族女子传统服饰有较明显的地域差异，其主色调和制作过程大同小异，但造型、款式和装饰各有千秋。融江两岸的梅林、富禄、良口、洋溪、同乐一带服饰贴锦绣花，色彩亮丽，绚丽多姿，苗江、寻江流域的独峒、林溪、八江、斗江一带则多用暖色，款式简洁大方，装饰相对简单。

传统男装亦有冬春装与夏秋装之别，分常服与丽服。常服多为立领青紫色或白色对襟布扣衣，围大头帕，系长腰带，着宽裆大管长裤，裹腿套，穿草鞋、布草鞋或布鞋。丽服为高领对襟布扣白衣，领边、襟边、袖口等处都点缀精美刺绣，外套绣花背心或银纽紫红夹褂，上钉银珠银片，束绸腰带。头盘亮布长巾，或带红发箍，发箍四周钉一排半圆银饰，缀以白羽。下着直管黑或白布裤，系腿套，穿厚底花布鞋或草鞋式绣花鞋。

侗族服饰之精美华丽离不开制作工艺之娴熟精湛。三江侗族服饰制作涉及纺纱、织布、蜡染、印染、靛染、织锦、刺绣、纳绣、挑花、贴花、剪纸、银饰等多种工艺，千百年来靠口耳相传及母女师承、师徒承袭等方式代代传承。

一 衣裤

3-1◆知了

[q^{h}uk^{22}] “衣服”

指上身所穿衣服，也是衣服的总称。传统衣服以侗布做衣料，各地男女装和童装、冬春装和夏秋装、便装和盛装均有较大差别。女子衣服最具代表。三江侗族女子衣服以青紫、蓝为主色调。造型、款式和装饰上可分六种代表性类型：对襟裙装式、对襟裤装式、交襟左衽裙装式、交襟左衽裤装式、右衽大襟裙装式和右衽大襟裤装式。对襟裙装式流行范围较广：上装无领无扣、敞开前胸，对襟，衣长掩臀，两侧开高衩，袖瘦长，襟边、袖口、下摆及衩沿绲边并装饰刺绣花边。围胸兜，腰束两寸宽粉色绸带，系于腰后；下着青紫色亮布百褶裙，长及膝部，小腿套亮布腿套，下端配绿布和花边，上端用绿绸带绑扎，于外侧打结。

3-2◆知了

[q^{h}uk^{22}ta:n^{44}] “单衣”

单层短上衣。分为男装和女装两种，男款主要有青、蓝两色，立领布扣对襟式，袖长窄，布扣五至九颗，两边衣襟上下各缝两个口袋。女款有紫红、蓝、白三色，多为直领无扣、前胸敞开的对襟短衣，长衣及臀，袖筒较宽，衣袖有长有短，短者至小臂中部，无口袋。因地域不同而各有差异。

3-3◆独峒

3-4◆平流

[q^{h}uk^{22}kap^{44}]“夹衣”

女式双层外套上衣。青紫亮布大襟，无领无扣，衣身宽大，交襟于左侧，用布绳系扎，衣襟两侧开衩口。袖筒宽大，挽折至肘弯。袖口、衣襟衩口和衣摆依次露出。为冬春装，里面常衬以蓝色长袖单衣，袖口多绲白边。流行于独峒、八江、林溪、斗江一带。

[q^{h}uk^{22}p^{h}a^{13}]“蓝色上衣”

女式浅蓝色单层上衣。日常服饰，在布央等地侗语中称为[qɔk^{22}sau^{44}]。款式与女款单衣相似，对襟直领，襟口、袖口有简单的绲边。也有交襟左衽式的，无领。上窄下宽，呈“A”形，两侧开高衩，便于日常劳作。

[q^{h}uk^{22}ɬaŋ^{11}]“套层上衣”

女式青紫亮布左衽大襟上衣。款式与夹衣相似，但多层亮布套叠，一般三至五层。素色，面料比较精致讲究，有菱形斜纹。结婚或节庆时穿着。流行于独峒、八江、林溪、斗江一带。

3-5◆平流（莫丽婷摄）

3-7◆林略

3-8◆平岩

[$q^{h}uk^{22}ja^{44}ja^{353}$] “紫红色上衣”

侗语意为“红布衣”。中老年妇女常穿的素色便装上衣。紫红侗布制成，对襟无领无扣，自然下垂。袖筒宽松，袖长过肘弯，中部配另色布块。多见于独峒、八江、林溪、斗江一带。

[$q^{h}uk^{22}pa{:}k^{31}$] “白布上衣”

白色男式立领布扣对襟上衣。夏装或底装，白色棉麻布制成。袖宽适中，布扣五至九颗，左右衣襟上下各缝一个口袋，共四个。是男子最常见服装，多在节庆活动时穿。

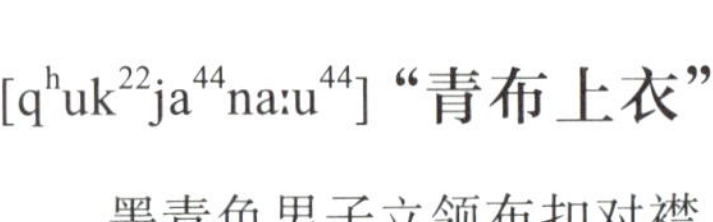

[$q^{h}uk^{22}ja^{44}na{:}u^{44}$] “青布上衣”

墨青色男子立领布扣对襟上衣。多做外衣，内衬白布上衣（见图 3-8）。两者款式相仿，一里一外，搭配着穿。墨青布是侗族服装的主要布料品种之一，用蓝靛、薯莨等主要原料配制的染料染成，侗语称为 [$ja^{44}na{:}u^{44}$] “薯莨布”。用这种布料制成的衣服侗语就称为 [$q^{h}uk^{22}ja^{44}na{:}u^{44}$] “薯莨布衣”。

3-9◆知了

3-11◆布央

3-10◆布央

[ɬum^{53}] “肚兜”

侗族传统女子服饰中护贴胸腹的内衣。菱形设计，上角裁成凹状浅半圆形，下角有的保留尖形，有的裁为圆弧形。上角用布绳或银链银环挂在脖子上，中部两侧有带子系于后腰。多为深蓝色和青紫色，有绣花及素面两种。

[q^{h}uk^{22}laŋ^{11}] “绣花衣”

女式盛装上衣。主色为青紫、紫红等，对襟直领，无扣敞开，衬绣花胸兜。衣长掩臀，两侧开高衩，袖筒宽松，襟边、袖口、下摆及衩沿绲边并装饰刺绣花边，袖口末端拼绿色宽绸边。胸兜襟口绣有丰富艳丽的图案，腰束两寸宽粉色绸带，系于腰后。流行于良口、洋溪、同乐、梅林、富禄一带。

3-6◆知了

3-12◆高定

[q^{h}uk^{22}p^{h}a:u^{11}] “长袍”

长袍马褂式男子服饰，有斜襟团花缎面左衽盘扣长袖长袍，两侧开衩至腰间，灰黑色或紫黑色；暗红色或紫黑色团花缎面对襟无领马褂；圆形折边缎面团花礼帽。中老年人礼服，出席庆典活动或去世时才穿，平时不穿。又称为 [q^{h}uk^{22}ȵin^{11}la:u^{31}] “老人衣”（或“寨老服”“寿衣”）。侗族老年人生前就备好死后要穿的衣服，美称寿衣，寓意健康长寿。传统上寨老是侗族村寨的管理者，他们德高望重，村寨安全、纠纷、外交、祭祀等事务皆由寨老们商议裁决。寨老服是三江侗族寨老穿的特殊服饰。

3-14◆平流

[pen^{53}] “围裙”

围于胸前和腰间的护裙。上窄下宽，上部和中部两侧均缝有系带，便于戴在脖颈处和扎系在腰后。围裙是侗族妇女常见的辅助服装，有平时生产生活中穿戴的便装围裙（见图3-14）和盛装时穿戴的绣花围裙两种。便装围裙由顺滑的绸质布料缝制而成，做饭时必备，防水防油，便于清洗。绣花围裙用墨青或青紫亮布制成，缀有亮色绣花图案，上部两侧有布纽，用银链穿过挂于脖颈处。多为中年妇女穿戴，搭配素面亮布上衣，起点缀、装饰和防护作用。

[ɬai^{44}] “蓑衣”

用棕皮编成的厚雨披。分上衣与下裙两块，上宽下窄，披于后背，配合斗笠使用，用以遮雨。拔秧苗、插秧等农活需要长时间弯腰，又恰逢多阴雨的春夏之交，蓑衣遮雨效果好，又比塑料雨衣透气，便于在雨中劳作，不误农时，又环保，如今在部分农村依然广泛使用。蓑衣和斗笠还可搭配使用，立于田间地头，充当假人驱赶破坏农作物的鸟兽。

3-16◆平岩

3-15◆平岩

[jɔŋ^{13}] “围嘴”

围在幼儿胸前颌下以避免幼儿流口水把衣服弄湿的口水围。有圆形、方形、长方形等式样，中间开圆领，方便套在幼儿脖子上。圆形款式可转动，方便调换被口水沾湿的部位，方形款式四角各钉一根带子，交叉相系，起固定作用。多用织锦装饰，红、蓝布镶边，精致美观。

[ɬɔ^{53}tɕəp^{44}] “百褶裙”

女子盛装短裙。窄幅亮布制成，裙身由许多细密、垂直的皱褶构成，少则数百褶，多则上千褶。百褶裙制作工序繁复，工艺精湛，裙身纵向挺直，横向富有弹性。短款裙，裙长至膝，多为青紫色，搭配青紫亮布绣花上衣和同色腿套。[ɬɔ^{53}tɕəp^{44}] 为平流等一些村寨的侗语，意即“褶裤”（汉式裙子称为 [van^{11}] “裙”），在布央等另外一些村寨中侗语称为 [van^{11}tɕəp^{44}] “褶裙”。

3-13◆知了

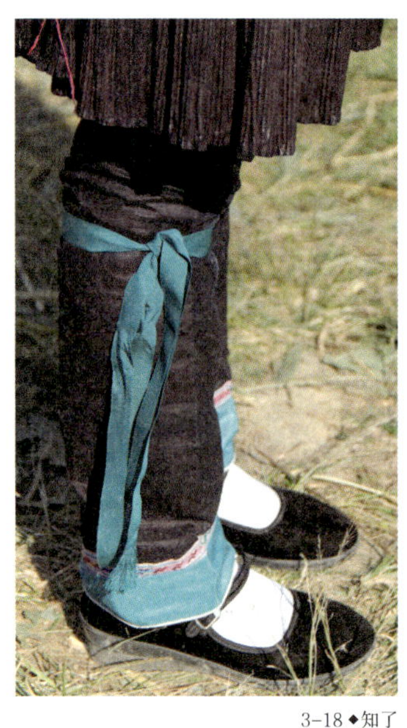

3-18◆知了

3-19◆高定

[ɕin^{11}la:k^{31}miak^{22}] **“女式腿套”**

套在小腿上的布筒或布套。有宽松和收紧两种式样。主体用亮布制作，中部或下部拼各色花边和绸布，有的全为素面布料，具体式样地域差别较大。从膝盖至脚踝包裹小腿，外面系以天蓝、粉红等各色绸带，起固定和装饰作用。绸带长短、颜色、系绑部位和方式亦有地域差异。侗族女子下装多为及膝短裙，腿套有保暖、防护及装饰等作用，是侗族女子服饰一个不可或缺的重要组成部分。

[ɕin^{11}la:k^{31}pa:n^{44}] **“男式腿套”**

男子套腿的布筒或布套。布料、结构、式样等与女式腿套大体相似，外面亦用各色绸带固定。有的腿套在前上部还倒垂着一块三角形绣花布料，两边外沿饰以花边、流苏等，这是三江侗族男子腿套装饰比较特别的一个地方。男子腿套的一个主要作用是束裤筒，这一点与女子腿套不同，女子下装穿长筒裤时不着腿套。

3-17◆岩脚

[t^{h}ɔŋ^{11}q^{h}ɛn^{13}] **“袖套”**

侗语意为“臂筒”。戴在前臂袖管外的布套，防袖管被灰尘、油污弄脏。

二 鞋帽

3-22◆和里

[mɛu^{322}tau^{22}] “绣花雁尾帽”

儿童帽子。帽顶用六块布拼接而成，呈荷花初绽状。前无帽檐，后拖一舌头状布块，布块两边为红、紫、绿几色带状绣花，中部缀两条绸带，绸带末尾打结，拖着一条红绸带，整体形如雁尾。

[mɛu^{322}tɕɔt^{22}] “露头绣花帽”

几个月大的婴儿夏天戴的帽子。中间空出，露出头顶，戴时常在头顶盖一条绣花小布巾。

3-21◆和里

[mɛu^{322}] “帽子”

传统上侗族地区以头帕头巾为主，帽子少见，一般只有中老年男子或孩童才戴，女子和青年男子不戴。男款帽子主要有圆形有檐礼帽和圆形折边缎面团花礼帽（见图3-20）两种，为寨老所戴。童帽多为妇女手工制作，形状多样，造型独特，图案讲究，刺绣精美，色彩丰富，有的缀有各种各样的银饰，认为有祈求平安、驱邪祛病的寓意。

3-20◆高定

3-24◆布央

[təm^{44}pa^{53}]“竹叶尖顶斗笠”

平面尖顶式斗笠。顶部呈圆锥形，外层为细竹篾编扎，夹层用竹叶以防雨。侗语意为“叶子斗笠”，以防雨材料命名。

[təm^{44}]“斗笠”

戴在头上遮阳挡雨的帽子状用具。外层用竹篾编制，中间夹以竹叶、油纸或棕皮等防雨材料。笠面形制有斜面尖顶式（见图3-23）、平面尖顶式和平面圆顶式三种。斜面尖顶式斗笠，笠面主体夹以棕皮，中央一圈加夹一层油纸并涂上桐油，增强防雨效果。棕皮较竹叶透气，多用于晴天遮阳。侗语称为[təm^{44}ɬai^{44}]“棕皮斗笠”，以防雨材料命名。

3-23◆高定

3-28◆干冲

[p^{h}a^{353}paːk^{31}]“白色头巾”

长方形女式绣花头巾。两端缀有织锦图案。挽髻于脑后，插银质或木质梳子，用头巾从前至后包头，系于脑后，露出发髻。

[p^{h}a^{353}piaːŋ^{22}]“流苏头巾”

束发式女子白色头巾。由长方形侗帕折卷而成，两头缀有织锦图案，末端为白色流苏。从前向后束于前额处，交叉打结于脑后，流苏悬于耳后。多见于良口、洋溪、同乐、梅林、富禄一带。

3-27◆知了

3-25◆高秀

3-26◆岩脚

[təm^{44}kaːu^{22}quaːn^{11}] “圆顶斗笠”

平面圆顶式斗笠。顶部呈圆穹形。夹层用竹叶。侗语意为“圆头斗笠”，以形状命名。

[təm^{44}mɛk^{31}] “草帽”

用水草、麦秸等编成的小斗笠。侗语意为“麦秸斗笠”，以材料命名。

[p^{h}a^{353}kam^{53}] “青布头巾”

青紫色素布宽幅头巾。宽约 30 厘米，无须折叠，直接从前至后包头，系于脑后，正面看呈尖顶帽状。流行于独峒、八江、林溪、斗江一带，为未婚女子装束。

3-29◆马胖（杨忠平摄）

3-31◆高定

[haːi^{11}ja^{44}] “布鞋”

白底男女布鞋。鞋面一般为黑色，圆头，椭圆形内口，系带以扣子扣于鞋面脚踝处。手工缝制，鞋底用麻线纳成。

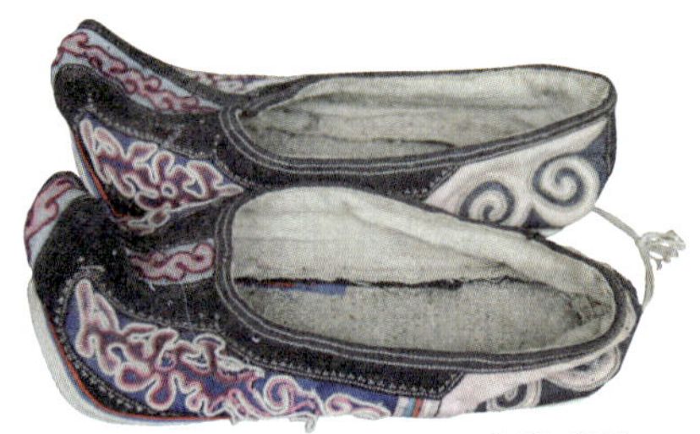

3-32◆和里

[haːi^{11}kaːu^{22}qau^{44}] “翘头鞋”

新娘出嫁时所穿钩头船形布鞋。椭圆形内口包边，鞋头高高翘起，鞋跟也较高，整体呈船形。这种布鞋是三江侗族女子较为古老的款式，最初多为单一的黑布素鞋面，后来逐渐以刺绣装饰，鞋帮也多用彩色丝绸做面料。

3-30◆平岩

[p^{h}a^{353}kaːu^{22}] “头帕”

男式侗布头帕。一般为黑、青紫两色。将长头帕折成手掌宽，一圈一圈绕头包裹，呈盘状。末端有绣花图案，有的还留有流苏或绒须，常立于耳上。

[ɬɛ^{22}] “防滑鞋扣”

与草鞋配合使用的防滑工具。椭圆形铁环，两端微翘，扣在草鞋脚掌中间部位，鞋扣两端用绳子系在脚面上起固定作用。雨天道路泥泞湿滑时使用，有很好的防滑作用。

3-37◆和里

3-33◆和里

3-36◆和里

[ha:i^{11}ka:u^{22}t^{h}a:u^{22}] “草鱼头鞋”

女子布鞋。平底，无鞋带，内口包边，呈葫芦形状。鞋头绣有各种图案，鞋面色彩艳丽，花色多样。鞋头略带尖形似草鱼头，因此得名。

[tɕa:k^{22}] “草鞋”

传统上用稻穗秆编制而成的鞋子。尖头、夹趾，套脚式的设计方便穿脱。鞋底柔软舒适，可配铁质防滑鞋扣。现只有少数农村老人穿。

[ha:i^{11}tɕa:k^{22}va^{13}] “草鞋式花布鞋”

女子绣花布凉鞋。形制与草鞋式布鞋相同，只是后跟和布带均绣有精美图案，另外鞋底也更厚一些。

[ha:i^{11}tɕa:k^{22}] “草鞋式布鞋”

一种布凉鞋。平底，鞋面只有后跟，从外侧以一根包边细布带与鞋头中央相连，布带前端左右各有一根短布带缝于鞋头两侧，形制显然借自草鞋，因而得名。素色无绣花，夏秋穿，男女均可。

3-35◆平流

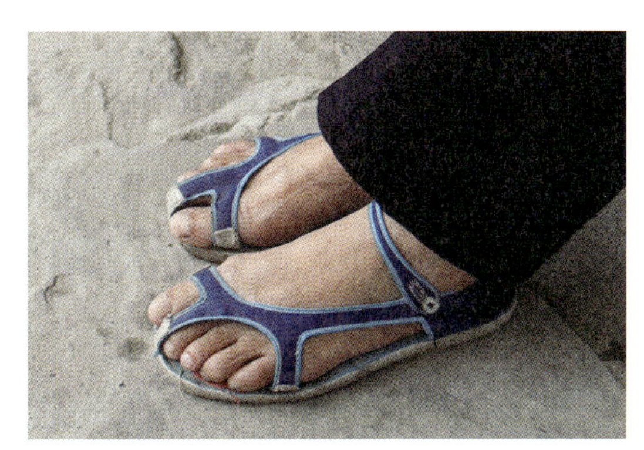
3-34◆林略

三 首饰等

3-38 ◆平岩

[va^{13}ȵan^{11}mai^{31}] “银花”

簪插式银花。由五支银簪组成，扇形排开系扎于脑后的发髻上，簪尾分叉，顶部为银花，花心缀以象征五谷丰登的红、黄、绿、蓝、紫五色绒球，有的银花花瓣上还缀着鸟、虫、鱼等形状的小银片和空心喇叭状小银铃。中间一支为圆筒状华冠，顶部为一只展翅欲飞的银凤凰。

3-42 ◆高定

[k^{h}e^{13}mai^{31}] “木梳”

一种主要用于妇女头饰造型的短木梳。挽髻后用发带束发并横插梳子于发髻上，并以扎发髻的绳线扎紧，以免滑脱。

3-40◆高定

[tɕɔt^{22}] “发髻”

已婚妇女发式。侗族妇女多蓄长发，一般都盘发挽髻，多在头顶、头侧或脑后盘绕成髻，有扁髻、双盘髻等式样，呈现地域差异。发髻的装饰也丰富多样，有束发插梳式、包头式、束发系巾式、挽髻插花式、花束式、花冠式、银冠式、银带绕头式等。图中为束发插梳式。

3-39◆知了

[mɛu^{322}ȵan^{11}] “银冠”

一种盛装头饰。在一整块长方形银片上用錾刻、镂空等手法刻出各种图形和纹饰，围成宽幅银箍戴于头上，整体呈莲花形。银冠正面中央为太阳图形，两边为鸟兽鱼虫等图形，上面为花卉、枝叶图形，下面数十个喇叭形小银铃悬于前额，形成银流苏或银帘。有的在顶部插凤鸟，随风摇曳，显得格外高耸。

[tɕʰum^{53}ȵan^{21}] “银簪”

侗族女子常见的头饰，有固发和装饰作用。银簪为长钉形，钉头横插发髻，钉尾宽大，有的翘起呈卷云形或凤鸟形，有的雕有花纹，有的饰有图案，精巧别致。

3-41◆知了

3-43 ◆高友

3-44 ◆高定（吴大伟摄）

[k^{h}e^{13}ȵan^{11}] “银梳”

一种除梳齿外其余部位都包镶着银片的木梳。银片上多刻有龙凤、花鸟、鱼虫等装饰纹样。弓背上的小银纽便于扎头发的线绳穿绕扎紧。

[pi^{322}] “篦子”

一种特别的梳子。旧时用竹子制成，中间为梁，两侧有密齿，主要用来清除头垢和头虱。其制作工艺细致复杂，工序繁多，现多为塑料制品。随着生活水平的提高，篦子最初的实用功能已逐渐丧失，现多做头饰，插戴梳篦为饰乃侗族妇女的一大习俗。

[va^{13}ka:u^{22}] “头花”

除了钗簪、梳篦外，三江侗族女子还普遍喜欢在发髻上插饰花朵，起固定发髻和装饰作用。多见于年轻女子。

3-45 ◆高定

3-47◆平流

3-48◆寨明

[tɕɛŋ^{53}] “耳环”

侗族妇女耳饰之最重要最常见者。金银质皆有，但以银质为主。传统上的银耳环形制多样，大小轻重差别很大，除了式样相对简单的“圈”环（见图 3-47 及图 3-48）之外，比较常见的是“半月”环（见图 3-49），还有在扣环上加套数个小银环的“套”环，在扣环上套多个铜扣形凸珠的“珠”环，在扣环上吊多只鱼形银片的“鱼儿”环，在扣环下吊大小两个银珠的“葫芦”环，还有的直接在扣环上镶点珐琅。

[p^{h}aːn^{353}kaːu^{22}] “发带”

妇女头饰。挽髻后，用发带束发并横插梳子以固定发髻，这种造型常见于中老年妇女。

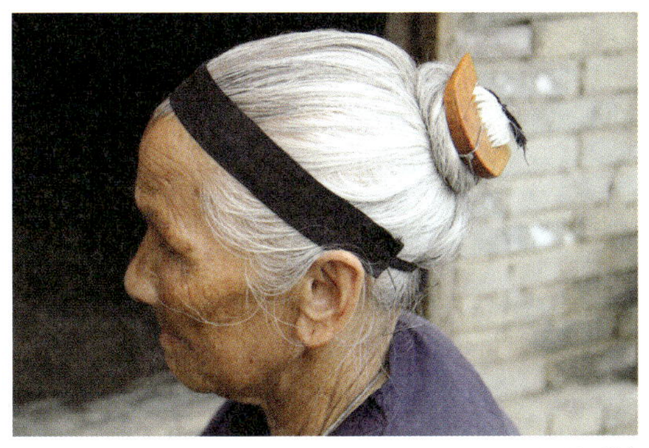

3-46◆高定

[tɕɛŋ^{53}ȵaːn^{44}] “月牙耳环”

耳环的一种款式。环身一头扁而宽，向另一头逐渐收小，过半圆后变圆变细，穿过耳孔后扣于耳孔上，整体呈半月形，因而得名，是三江侗族妇女常佩戴的耳饰之一。

3-49◆知了

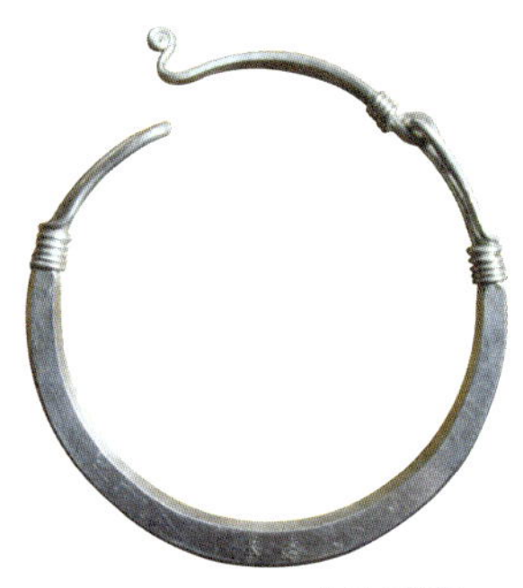

3-51◆高友

[q^{h}ɛn^{13}qɔ^{11}] **“项圈”**

项饰银器。根据形制可分四种。第一种为棱项圈（见图 3-51），用直径较小的棱形银条打制而成，两端收小收圆并用细银丝圈绕，有套扣，为妇女平时所戴。第二种为扭纹项圈（见图 3-52），第三种为块状项圈（见图 3-53），第四种为串圈项圈（见图 3-54）。一种项圈戴多根或几种项圈同时戴的情形并不鲜见（见图 3-53）。

[q^{h}ɛn^{13}qɔ^{11}mit^{44}] **“扭纹项圈”**

由两根银条扭绞而成的一种项圈。呈麻花状扭纹，重者一斤有余。是三江侗族最具特色的项圈，男女皆可戴，也是男子唯一的项饰品。

3-52◆独峒

3-54◆独峒

[q^{h}ɛn^{13}qɔ^{11}t^{h}ɔŋ^{53}] **“串圈项圈”**

一种在棱项圈上串多个小银环和小银圈做成的项圈。小银环几个为一组，每组之间隔着一个小银圈，依次交替排列，形如竹筒之间隔着竹节。项圈下悬着挂件，上面饰以花纹。

[tɕɛŋ^{53}nɛŋ^{22}] **“耳坠”**

一种耳饰品。耳钩下有小环，环下有各式坠物。

3-50◆知了

3-55◆高定

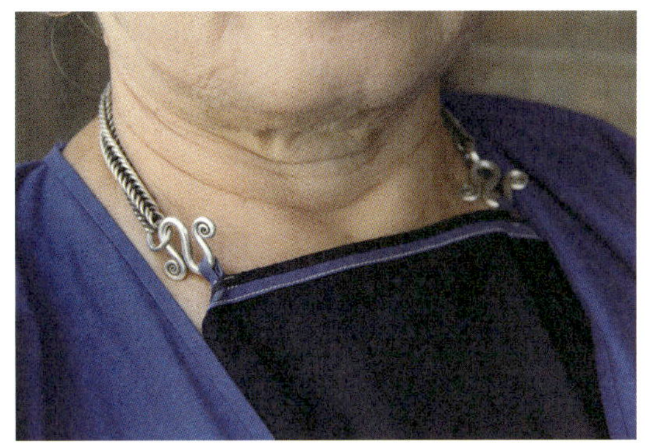

3-56◆平岩

[leu^{322}] **“项链”**

银质长链形细挂链。可挂于脖子、手腕或脚踝等部位。

[ɬɛ^{44}ɬum^{53}ȵan^{21}] **“肚兜挂链”**

用于将肚兜挂在脖子上的银质挂链。两端各有一个小圆环，通过银质小钩与胸兜上的小布纽相连。

[q^{h}ɛn^{13}qɔ^{11}paːŋ^{22}] **“块状项圈”**

一种象征太阳月亮的圆盘式大项圈。由三块弯月形扁银片嵌套组成，银片的两端连在一起，三块银片由内而外用象征太阳光芒的银丝绑扎成圆盘状。常和串圈项圈一起佩戴，后者象征太阳和鱼。

3-53◆平岩

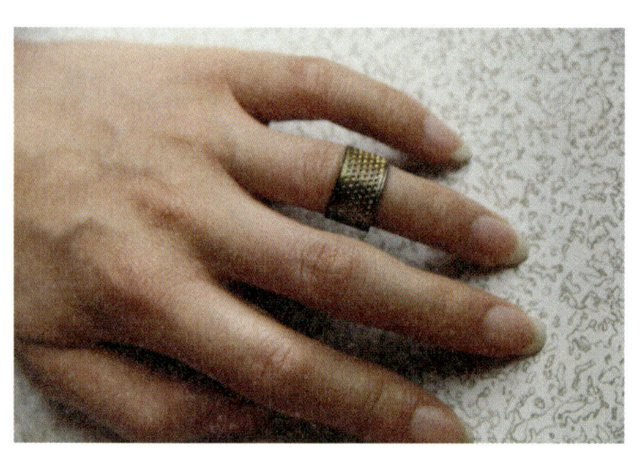

3-60◆平流

[ɕe^{44}jəm^{53}] “顶针”

表面布满小坑的铜质环形指套。是常用的缝纫用品，又可作为装饰品，深受中老年妇女的喜爱。

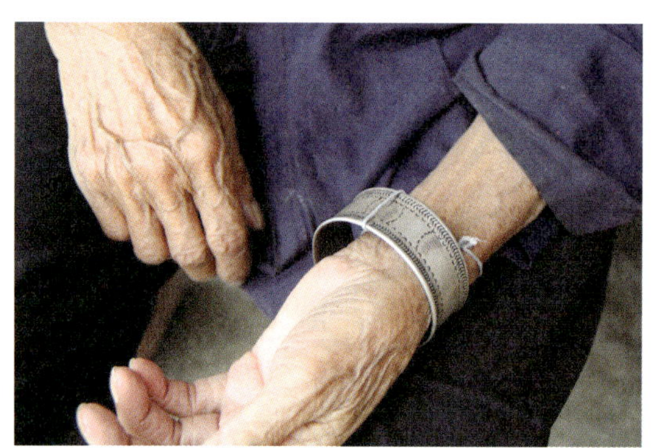

3-59◆高定

[tɕɔk^{31}paːŋ^{22}] “块状手镯”

一种手镯样式，以长方形银片弯圈而成。手镯表面平整，可保留素镯之光滑，也可以有花草鱼虫等图案。

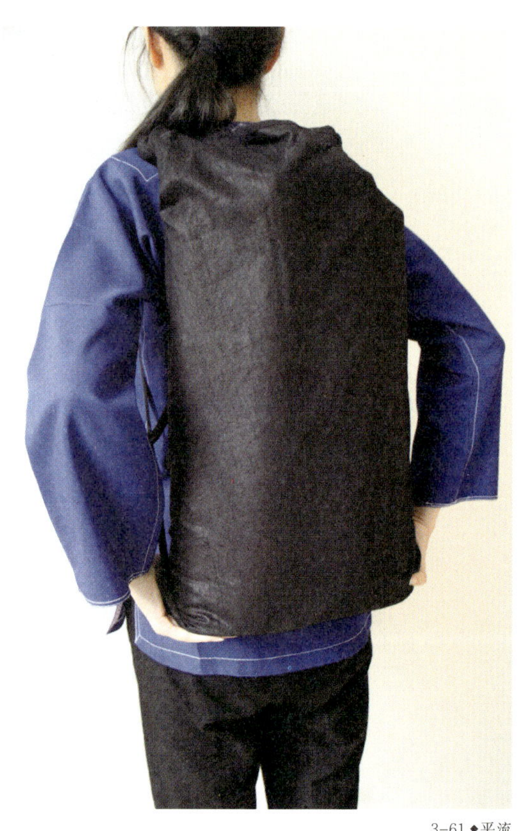

3-61◆平流

[tai^{322}lɔŋ^{11}] “猪肚背包”

用青紫侗布缝制而成的猪肚形双肩背包。常用来装成卷的侗布，也是旧时出远门的首选包袱。

[tɕɔk^{31}] **“手镯”**

用金、银、玉等制成的套在手腕上的环形装饰品。最常见的是银质手镯，有套圈、块状、扭纹等形制。其中最有特色的是图中这种“捆”镯，以棱形银条圈成，上面套数十个小银环，整体重约半斤。

3-58◆高定

[ɬɛ^{44}qui^{22}] **“女式腰带”**

女子盛装常见的重要配饰。一般为绸缎面料，饰以织锦和刺绣图案。有装饰和系扎两种作用，常作为信物送给心上人。

3-57◆高宇（守艺摄）

肆·饮食

“席不离糯，食不离酸，敬不离酒，待客不离茶”这句民间谚语高度概括了侗族饮食文化的显著特点：糯食、酸食、酒饮和油茶。侗族饮食品种繁多，文化内涵丰富，这与其主事稻作这一主要农业形态有密切关系。

三江侗族的主食为大米，兼吃小米、玉米、红薯、芋头等，现在还引入了马铃薯等。米有糯米、粳米和籼米，族人尤喜糯米。传统上糯米是侗族日常生活中不可或缺的食品，逢年过节、婚丧嫁娶、请客送礼更是离不开各种糯食。糯食品种繁多，制作精细，如糯米饭、黄花饭、乌米饭、糍粑、粽子、油果、米花等。用糯米煮制的各种粥也很常见，如糖粥、肉粥、豆粥、蝌蚪粥、菜粥等，清香可口，营养丰富。糯米酒、重阳酒和泡醪酒等特色佳酿也都以糯米为主料。

侗族嗜酸，民间有“侗不离酸”之说，待客菜肴中酸食常占一半以上。腌酸食品格外受到偏爱，人人爱吃，家家腌制。酸肉制品主要有腌猪肉、腌鸭、腌鹅、酸鱼、鱼虾酱等，其中前四种为招待宾客常见菜品。蔬菜制品有酸菜、酸姜、酸豇豆、酸萝卜、酸藠头、酸蕨菜、酸笋、酸辣椒等，园里种的，山上长的，几乎样样都可以腌酸。除了腌酸，侗族人也喜欢以酸汤烹制食物，如酸汤鱼、鱼生、酸汤肉、醋血酱等。

侗族喜饮酒，饮酒文化浓厚：“无酒不成席，无酒不成礼”，“酒不离歌，聚不离酒”。酒多自酿，酿制方法和原料多样，其中糯米酒、重阳酒和泡醪酒为待客佳酿。

油茶是一种食品而非饮品。油茶在侗族特色食俗中最具代表性，不仅是日常生活和待客的饮食，也是一种社交礼俗。侗族爱吃油茶，有“一日三餐早是茶”的传统习惯，早上出门干活前先吃一碗油茶，回来再吃早饭。有客人来访，则先端上油茶招待，然后才正式上桌吃饭。几乎所有重要的活动都要吃油茶。逢年过节吃祭祖茶，姑娘出嫁吃离伴茶，生育孩子吃三朝茶、满月茶、周岁茶，男女青年“行歌坐夜”、“月也”集体联谊等也都要吃油茶。

作为农耕民族，侗族的主要食物来自谷物和蔬菜种植，肉食来自畜禽饲养。传统上还通过渔猎和采集来补充，以改善饮食结构，增强体质。从野猪、野羊等大型野兽到野兔、竹鼠、野鼠等小兽，从山鸡、鹌鹑到麻雀，从溪河里的鱼虾蟹蚌到田里的鳅鳝螺蛳，从山上的蜂蛹到田里的蚂蚱，都是动物蛋白的重要补充。这些山珍河鲜多鲜食或腊干，别具风味。采集的植物山珍种类繁多，有野菜类、菌类和干鲜果类，如蕨菜、蘑菇、木耳、杨梅、葡萄等，这些食材多鲜食、晒干、制酸或泡酒。近年来政府提倡保护野生动物，捕食鸟类兽类已大大减少。

一 主食

4-4◆平流

[qau^{31}tɕɔ^{22}kam^{53}]“乌米饭”

四月八祭牛节特制糯食。将杨桐树（侗语叫 [mai^{31}qau^{31}kam^{53}]“乌米饭树”）或枫树嫩叶洗净捣碎，放入清水中浸泡出墨绿色汁液，滤掉叶渣后加入糯米浸泡过夜，待糯米变成深绿色后捞出蒸熟即成。

[qau^{31}tɕɔ^{22}ja^{353}]“红糯饭”

侗族地区广泛种植的糯米品种之一。相较于白糯，红糯的脂肪、水分和黏性都较低，口感没有白糯好，但特别适合做作料腌鱼。用红糯腌制的鱼鲜亮，味美，也因水分少而使鱼肉保持干爽，便于长久保存。

[qau^{31}tɕɔ^{22}maːn^{22}]“黄花饭”

清明节专用主食。用开水将密蒙花（见图 4-19）或栀子果（见图 4-18）烫出黄色花汁做色素，糯米淘干净后加入汁液浸泡一夜，次日早晨捞出蒸熟即成。

4-2◆平流

4-3◆平流

4-1◆平流

[$qau^{31}tɕɔ^{22}$] “糯米饭”

侗族的传统主食。糯米蒸熟后倒入特制的木盆（见图 2-28）里反复翻压以增加黏性，并让蒸气充分挥发以免渗入糯米饭而冲淡味道。待蒸气挥发将尽时将糯米饭装进专用的葫芦饭钵（见图 4-1）里，保温透气不渗水，保持糯米饭干爽可口，也便于外出携带。食用时用手抓，不用碗，边捏边吃。

[$qɛŋ^{44}taːŋ^{11}$] “白糖粥”

一种传统粥品。用糯米熬制出浓稠的白粥，加入白砂糖搅拌均匀即可。男女青年交往时常吃的一种食品，是小伙子献给姑娘的一道甜点。苗江一带流传“未吃白糖粥叫我们情郎做哥哥，吃了白糖粥叫我们情郎为乞丐”的歌谣。

[$qɛŋ^{44}tɔ^{322}$] “豆粥”

用当地的白饭豆或豇豆或绿豆和糯米一起熬煮而成的粥。多在竖新屋当天食用。

4-5◆岩脚

4-6◆布央（吴蕙摄）

二 副食

4-7◆平流

[qau^{31}pɛu^{53}]“阴米”

侗族油茶的主要原料。将糯米蒸熟拌散，晾干备用，打油茶时用侗家自种的茶油将其炸成炒米或米花，然后加入茶汤即可食用。为了增色增香，有时也用天然植物色素将糯米浸泡成黄、乌、红等颜色后再蒸熟晾干。

[taːŋ^{11}pɛu^{53}]“油果”

侗族油茶的主要原料之一。用糯米粉加糖加水揉搓成筷子头大小的圆粒，再用油炸至外皮金黄即成。与阴米米花搭配泡茶汤食用。

4-8◆布央

[ɬəi^{11}qau^{31}piaːŋ^{22}]“小米糍粑”

一种重要的喜庆糯食。制作过程与一般的糯米糍粑相同，只是在最后的揉捏成型阶段涂抹一些小米粉。竖新屋当天制作，是抛梁时的必备食品。

4-9◆平岩

4-11◆三江县城

[tɔ^{322}hu^{322}p^{h}en^{13}] **“豆腐片”**

豆腐的再加工制品。加工过程中添加食盐、茴香等调料，含水量少，硬中带韧，易于保存，多与辣椒、韭菜等时蔬炒食。农村少有人做，多从乡镇集市或县城购买。

4-10◆平流

[ɬəi^{11}qau^{31}ɕaːn^{322}] **“䅟米糍粑”**

一种糯食。䅟米和糯米一起蒸熟后倒入糍粑木臼或石臼里舂捣至无颗粒的黏稠状时即成。常趁热食用，也可用双手捏成碗口大小的圆饼，冷却变硬后即可保存待日后食用。

[taːŋ^{11}p^{h}en^{13}] **“红糖”**

厚约 2 厘米的巴掌大小的糖片。甘蔗榨汁浓缩形成的初加工成品，没有经过精炼。制作扣肉时常涂抹于猪皮上再油炸，以增加色泽和口感。有些地方过年时用作供品供奉祖先。

4-12◆三江县城

4-15◆布央

[q^{h}uaːu^{22}təm^{322}] **“杨梅酒”**

泡制酒。将新鲜杨梅泡入白酒中密封保存一段时间即成。酒液一般呈暗红色，味道酸甜，醇厚顺口。侗族地区喜欢用白酒浸泡当地出产的草药、野果或特殊食材，制成泡酒后再饮用，使酒喝起来更顺口，也富有各种营养成分。常见的浸泡材料有杨梅、野生山葡萄、野生猕猴桃、灵芝等。材料不同，浸泡的时间有长短之分。

4-14◆平岩

[q^{h}uaːu^{22}qau^{31}tɕɔ^{22}] **“糯米酒”**

侗族传统酒饮之一。用糯米酿制后经蒸馏而得，属于白酒，是日常饮用的烧酒中的上品。除了糯米酒，侗族传统酒饮还有多种。按制酒方法可分酿制酒（如重阳酒和泡醪酒）、烤制酒（蒸馏而得的白酒，也叫烧酒）、泡制酒（杨梅酒、葡萄酒、枸杞酒等）三种。就制酒的主要原料可分糯米酒、粳米酒、木薯酒、红薯酒等。重阳酒（见图8-27）和泡醪酒是侗族地区两种较有特色的酒饮，是节日待客的上等佳酿。泡醪酒侗语叫 [q^{h}uaːu^{22}ɬum^{53}taːu^{11}]，即“浸泡酒糟的酒”，将糯米甜酒（酿制酒，含有酒糟）和糯米酒（烧酒）混合后置于坛中密封酿制一两个月即成。

4-13◆平流

[taːŋ^{21}jim^{21}] **“白砂糖”**

侗语意为“盐糖”，形似食盐而得名。煮白糖粥时所用调料。以前交通和商贸不便，白砂糖不易买到，较为珍贵，常作为上佳礼品馈赠亲戚朋友，尤其是老人。

4-17◆布央

[ɕe^{11}] “油茶”

侗族极具特色的一种传统饮食。不仅是家常便饭，更是逢年过节、喜庆活动、大小聚会等诸多重要场合必不可少的待客食品，男女青年“行歌坐夜”、姑娘出嫁与回门、小孩满月酒、朋友聚会、集体“月也”等都要吃油茶。油茶不单单是一种食品，更是一种饮食方式、社交载体和待客礼俗，正如侗族歌曲唱的那样：“客人进屋先拿油茶来敬礼。”通过打油茶吃油茶，邻里之间便能一起拉家常聊农事，男女青年便可彻夜交谈，主客双方便能轻松愉快地交流，拉近彼此的距离。油茶制作及食用习俗可参见图 6-6 至图 6-10。

4-16◆高定

[q^{h}uaːu^{22}ʔit^{22}] “葡萄酒”

泡制酒。将当地新鲜的野生山葡萄泡入白酒中密封保存一段时间即成。酒液多呈棕红色，果香馥郁，清甜顺口。

4-18◆布央

[laːŋ^{322}lɔ^{11}]“栀子果”

食用黄色色素原料。将栀子果稍加拍捣后用热水浸泡便得到深黄色液汁，过滤后加水调成黄色液体，用以浸泡糯米，拿去蒸便得到黄色糯米饭，拿去舂就得到黄色糍粑。也可不用汁液浸泡糯米，而是在糯米蒸熟起锅时直接淋入汁液，拿去舂捣便得到金黄色的糍粑，色彩鲜亮，又平添几分特殊的清香。

4-19◆高定

[va^{13}ɕu^{11}]“密蒙花”

食用黄色色素原料。将晒干的密蒙花煮开后便得到黄色的液体，过滤后用来浸泡糯米，一般泡一个晚上，糯米便变成黄色，蒸出来便得到晶莹剔透、香气扑鼻的黄色糯米饭，拿去舂就得到黄色糍粑。

三 菜肴

[ma^{44}ɕaːŋ^{31}] “霉干菜”

传统风味食材。霉干菜的制作过程：将芥菜洗净晾晒至半干，放入木盆里加盐和米酒反复揉搓，使盐和酒充分渍入菜里，然后捆成一把一把的装坛密封发酵，半个月左右即闻到香味，取出晾干即成。色泽黄亮，有特殊香味。腊干、风干或晒干是侗族传统的食材处理和保存方式，侗语称为 [ɕaːŋ^{31}]。

4-20◆平流

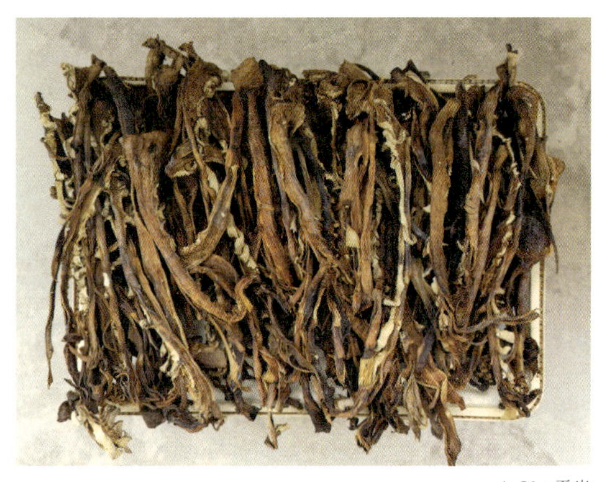

4-21◆平岩

[naːŋ^{11}ɕaːŋ^{31}]“笋干”

竹笋制品。新鲜竹笋剥皮洗净，切成四至六瓣，用大锅煮熟后晾干或烘干而成。用水浸泡变软后切细丝，可炒可煮。笋干色泽黄亮、肉质肥厚，一年四季皆可食用。三江盛产毛竹（别称楠竹、南竹等）和麻竹，其竹笋产量大，是笋干的主要笋源。

[qa^{11}ɕaːŋ^{31}]“菇干”

珍贵的食材。侗族生活的地区山林资源丰富，野生香菇、木耳等山珍常能采到。其中冬天生长的野生香菇较为珍贵，营养价值高，晒干后拿来炖汤，鲜香四溢。现多为人工种植。

4-22◆平岩

4-26◆平流

[naːn^{31}k^{h}aːŋ^{13}]“酸菜煮肉”

常见的荤素搭配菜品。用酸菜或侗家酸汤煨煮是侗族一种常见的烹饪方式，侗语称为[k^{h}aːŋ^{13}]，以这种方式煮制的菜都叫[ma^{44}k^{h}aːŋ^{13}]“酸汤菜”，无论荤菜素菜，只需在具体的食材后面加上这种独特的烹饪方式即可。图4-26为用酸菜煨煮猪肉而得到的一道菜肴，叫[naːn^{31}k^{h}aːŋ^{13}]，其中[naːn^{31}]为“肉”。

[pak^{11}ɕaːŋ^{31}]“萝卜干”

常见的风味食材。萝卜洗净切条晒干即成，易保存。香脆可口，深受喜爱，常与五花肉或腊肉同炒。

4-23◆平岩

4-24◆寨明

[pa^{44}ɕaːŋ^{31}] “鱼干”

晒干或烘干的野生河鱼。色泽金黄，肉质紧实，常与辣椒、青蒜等配料炒食。

[naːn^{31}q^{h}u^{353}ɕaːŋ^{31}] “腊猪肉”

侗族传统风味肉食。春节前杀年猪时制作。将猪肉连皮切长条入盆，加盐腌制一两天，取出挂在火塘上方自然熏制。二十多天持续不断地用柴火熏烤，待肉条变得金黄透明、光亮欲滴时可制成腊肉。烟熏火烤的时间越长，腊肉味道越香。多蒸熟切片或炒时蔬配菜。

4-25◆布央

4-29◆平岩

[jiŋ44ɬam22] **“酸姜”**

特色开胃小吃。腌制方法与酸菜类似。鲜姜洗净沥干水，加入一定量的红糯饭、盐、米酒、辣椒粉、当地小番茄等一起拌匀，装入酸菜坛里密封发酵即成。酸姜是一道夏季开胃小菜，酸甜微辣、脆爽可口。

4-28◆平岩

[ma44ɬam22] **“酸菜”**

传统特色蔬菜制品。酸菜的制作与霉干菜有些类似，不同的是，青菜晒至蔫干后切细，然后掺入红糯饭和食盐一起拌匀，装入酸菜坛里密封发酵即成。酸菜颜色鲜亮，柔软润泽，味美香醇，可蒸、烧、炒或煮汤。

[tɕeu31ɬam22] **“酸藠头”**

与酸姜腌制过程类似。可按喜好腌成酸、甜、辣等口味，不但色泽晶莹鲜亮，而且酸脆可口。

4-33◆平岩

[naːŋ11ɬam22] **“酸笋”**

鲜竹笋剥壳焯水放凉，投入事先调制好的酸水里，加适量盐，然后封坛发酵十余天即成，多用作烹饪作料。

4-32◆三江县城

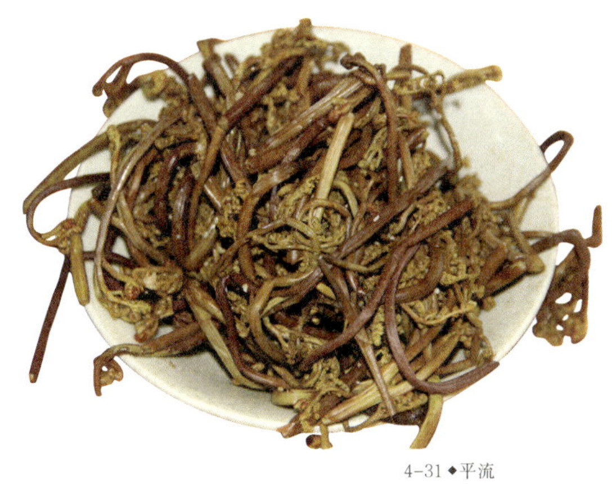

4-31◆平流

[qɛu^{22}ɬam^{22}]“酸蕨菜”

野生蕨菜腌制品。制作方法与酸辣椒类似，只是入坛之前需焯一遍水。酸蕨菜可以素炒，也可作为辅料配菜，吃法颇多。

[liaːn^{322}ɬam^{22}]“酸辣椒”

鲜辣椒洗净沥干水分，投入事先调制好的酸水里，加适量盐，封坛发酵十余天即成。酸辣椒辣中带酸，可做开胃小菜，也可作为配菜。

4-30◆平流

[naːŋ^{11}k^{h}aːŋ^{13}]“酸汤笋”

刚采摘的新鲜甜竹笋也常用酸汤煮着吃，清爽开胃，消食解腻，很适合夏天食用。

4-27◆布央

4-35◆平流

[naːn^{31}ɬam^{22}]“酸肉”

侗族主要肉制品，含酸猪肉、酸鸭肉和酸鹅肉等。猪肉连皮切成长条，以盐、酒里外搓匀腌渍两三天。用辣椒粉、姜末、花椒、红糯米饭等拌匀做作料备用。装坛时肉块以作料涂抹均匀，层层码放于容器内，最后再加盖密封腌制半年左右即可食用。有木桶腌和坛腌两种制法，腌制过程和作料相同，差别主要在于储量大小和密封办法。木桶口大身大容量大，适合块大量多的肉。坛子加盖后坛沿里常放茶油（而不是水，水易干，会导致漏气，影响腌制效果）。酸肉色鲜味美，可生吃可熟吃，热油煎烧或炭火炙烤口味最佳。

[naːŋ^{11}ɕɛu^{22}]“炒笋子”

三江侗族地区盛产麻竹（别称甜竹、大头竹）和慈竹（别称茨竹、甜慈），其嫩笋美味鲜甜，可直接炒着吃，加少许干辣椒和油盐即可，夏季很受欢迎。

4-39◆平岩

[pət^{44}ɬam^{22}]“酸鸭”

去除内脏后腌制，制作方法与酸肉相同。酸鸭为酸肉中的珍品，是喜庆宴席的佳肴之一。以秋后肥壮的当地老土鸭为佳。

4-37◆平流

4-36◆平流

[pa⁴⁴ɬam²²] “酸鱼”

腌制过程与酸肉大同小异，只是腌制前需将鱼剖开，去除内脏。剖法有讲究，先从尾部近臀鳍中部横切一刀至脊骨，然后顺脊背切开至口部即可，腹部保持连接，如此可轻易摊开，易于铺放平整，也便于里外涂抹盐等作料。酸鱼以入冬后腌制为佳，天气寒冷，鱼儿吃食少，鱼肉紧实，腌渍效果好。酸鱼是侗族传统风味食品，年节祭祀，请客送礼，都离不开酸鱼。酸鱼多为鲤鱼和草鱼，又以酸草鱼为贵，多为红白喜事或祭祀等活动而备。生吃熟吃皆可，以炭火炙烤为最佳。

4-38◆寨明

[liaːn³²²tɕek²²] “烤辣椒”

将烤好的新鲜辣椒放入石钵里捣碎，加少许油盐和菜汤或肉汤一起搅拌。也可以加些花椒或鱼腥草等。是烤鱼的常配蘸料，也是一道开胃下饭的凉拌菜。

4-34◆高定（吴大伟摄）

[ɬaːm²²] “开胃酱”

将红糯米蒸熟后倒出摊开，冷却至常温时加入盐、生姜、辣椒粉和小块的骨头一起搅拌均匀后放入坛子里封存一段时间，待其充分发酵后即可开坛食用。

4-40◆平流

[ɕaːm^{31}ɕɛu^{22}] **“炒水蜈蚣”**

水蜈蚣多藏身于溪河边浅水滩的石头下，农忙之余人们会到河边捕捞食用。

4-42◆寨明

[tɕak^{44}ɕɛu^{22}] **“炒蚂蚱”**

多为稻蝗，即稻田里啃食稻子的蝗虫。捕捉蚂蚱多为入秋之后，蚂蚱进入繁殖期，停止进食，腹内排空，加之天气转冷，其活动能力下降，容易捕捉，正所谓“秋后的蚂蚱，蹦跶不了几天”。热水烫死，去除翅翼，用热油爆炒，加盐和姜蒜等配料即可。

4-41◆平流

[laːk^{31}laːu^{44}ɕɛu^{22}] **“炒蜂蛹”**

多取马蜂或土蜂蜂巢里尚未羽化或未完全羽化的幼虫。以前多用烟火攻，赶走成蜂后把蜂巢摘回家，取其蜂蛹用热油炒着吃。

4-45◆寨明

[pe^{31}] “百草汤”

俗称“牛羊瘪”，侗族酷爱的美味佳肴。“瘪”为汉字记侗音，是这道菜肴的侗语名称。宰杀牛羊时，将其胃液及肠胃中尚未消化吸收的液汁取出滤净，热油入锅煮沸做成油瘪汤汁，配以花椒、辣椒、生姜、大蒜、陈皮、香草等即成黄绿色瘪汤。牛羊肉切片，热油下锅旺火速炒片刻，拌以瘪汤即可出锅食用。亦可将牛羊肉放入瘪汤中煮食，或以瘪汤为蘸料。

[tau^{44}ʔəm^{44}] “青苔汤”

有泉水注入的田里一般会长出青苔，用竹网兜捞出揉洗干净。往锅里放入少许油，油热后加水烧开，将洗净的青苔放入锅烧开即可食用。另一种常见方法是与侗家酸汤一起煮，叫 [tau^{44}kʰaːŋ^{13}] “酸汤青苔”，别有风味。

4-43◆平流

[ɬaːu^{53}qɛu^{322}] “醋血酱”

将侗家酸汤倒入碗里，加入少许盐，宰杀鸭鹅时直接将血滴入碗里一起搅拌。冷锅热油，将辣椒、姜、葱、花椒等炒香，倒入血酱一起翻炒即可起锅。蘸煮熟的鸭鹅肉食用。

4-44◆寨明

伍·农工百艺

传统上侗族主要以从事农业为主，兼营林业。近年来，三江侗族的农业生产逐步形成了以粮食、林木、茶叶、茶油、养殖为主的经营格局，山区有些人专门从事茶叶种植。

农业主要围绕水稻耕作，包括犁田、耙田、施肥、播种、插秧、耘田、收割、晒谷、选种等诸多环节，一环扣一环，从年头忙到年尾。侗族善种水稻，特别是糯稻，有些经验做法非常值得借鉴。如稻田养鸭养鱼的共养模式、稻鱼共生系统等，都在充分践行着低碳、环保、绿色的理念。

其他农事大多或直接或间接地与稻作相关，如放鸭、牧牛、赶雀、打制农具等。

各式农具都对应特定的劳作场景，都用来完成特定的任务，都有技术上的讲究，无不体现着人们长期的经验积累和聪明智慧，如禾剪、犁、耙、水车、水碓、石碓、碾等。

侗族山区盛产杉木和油茶。杉木不仅是建筑和家具的材料，也是重要的经济来源。围绕杉木的种植也涉及诸多环节，需要各种工具和劳动技能。采种、育苗、栽种、护林、砍伐、拉山、放排等，不一而足。

赶山狩猎过去是侗族男子农闲时的重要活动，是娱乐放松，也是生活方式。捕猎方式和器具也多种多样，有设陷阱、安夹套、放鹞、网捞、诱鸟、打猎等。

依山傍水的居住环境也造就了侗族下河捕鱼捞虾的生活方式。捕捞工具有拦网、盖网、捞绞等。侗族人还喜爱各种山珍野味，采集的山珍种类繁多，有干鲜果类、菌类、野菜类等。

手工业方面，木工、蜡染、银器、刺绣都是侗族引以为豪的技艺，成就了侗族灿烂的木构艺术和多彩的服饰文化。

一 农事

5-1◆知了

[ʔia^{53}nam^{31}]“水田”

一般位于水位低的地方，或有水渠或水笕引水灌溉。有的水田收割稻子后继续蓄水泡田，可养鱼过冬，也可放养鸭子。这种水田侗语叫 [ʔia^{53}ta^{322}toŋ^{44}]“过冬田”，亦称“泡冬田”。

[tɕaːn^{11}ʔia^{53}]“梯田”

侗族地区最为常见的稻田类型。侗族地区多丘陵，耕地有限，侗族先民创造性地将坡度较为平缓的坡地开垦为层层稻田，如同阶梯一般，能够有效地利用有限土地资源，又可避免因开挖大量山体导致滑坡而破坏自然生态，是治理水土流失的有效措施。

5-2◆高定

5-4◆高定（吴大伟摄）

[lan¹¹mai³¹]“木笕”

用实木削挖去中间部分制成的引水管，用于引水入田。比起竹笕，其优点是引水量大，但制作需花费数倍人工，已不多见。

[miŋ⁴⁴]“沟渠”

引水灌溉稻田或阻水分流的辅助设施，是稻田不可或缺的组成部分。传统上都是自然的泥土沟渠，现在常用水泥加固。

5-3◆平流

5-5◆知了

[lan^{21}pan^{44}]“竹笕”

用粗壮的老毛竹制成的引水管。将毛竹剖成两半，用锋利的刀或凿子打通竹节，使之平滑无阻，或直接用长柄凿子打通圆竹的竹节制成。常用于引水入田，或在山上找到上佳的泉眼后，将其一端压在泉眼岩石下，引接泉水，便于饮用。

[təi^{322}leŋ^{31}]“旱地”

丘陵山坡上无水源的耕地。一般用来种植油茶、木薯、茶叶、油桐等耐旱作物。

5-6◆寨大

5-7◆高定

[ʔəm^{53}maːu^{21}] "沤肥"

将稻草、青草等草料放到猪圈、牛圈等畜圈中与牲口的粪便混合发酵的过程。一般要经过半年以上的时间才会制成农家肥，时间越久则肥力越足。

[ʔuaːi^{44}p^{h}uk^{22}] "烧草木灰"

将稻田中的稻草或田边地头的杂草、树枝烧成灰，多用作钾肥，是化肥进入侗族地区之前的传统钾肥，现已罕见。

5-8◆高友

5-9◆党扭（杨忠平摄）

[k^{h}a:i^{353}ʔia^{53}]“耙田”

犁田过后将泥块弄碎、耙匀。目的有二：一是将农家肥与土壤充分搅拌，同时也可将犁田时没有翻起的土块翻起打碎，把水稻等植物根须和杂草翻压为肥料；二是将土壤弄平整，方便插秧。耙田一般需要进行两次。第一次称为 [k^{h}a:i^{353}la:u^{31}]“粗耙”，此时需引水进田，第二次称为 [k^{h}a:i^{353}ȵi^{322}]“细耙”。

[tɔk^{44}qau^{31}tɕɔŋ^{22}]“播种”

谷种浸泡发芽后均匀撒入秧田里。要选土壤肥力高的高产田为秧田，并在播种前做好耙田、施肥等秧田整理工作。民间有“清明下早种，谷雨下迟秧”之说。播种时节天气尚冷，水温尚低，直接下种入田很难发芽，将谷种浸泡发芽后再下种可提高出苗率。

5-10◆归夯（杨忠平摄）

5-11◆布央（陆群妹摄）

[nε^{44}ka^{22}]“拔秧”

秧苗长到一定阶段后从秧田里拔出，扎成把，运送到耙好的田里去栽插。

5-12◆八斗（杨忠平摄）

[lam^{13}ʔia^{53}] **“插秧”**

将秧苗栽插到耙好的稻田里。传统上都是手工插秧，一般是 2 到 4 株秧苗作为一丛插入田里，每丛秧苗之间的距离要合适，一般为 20 厘米左右。

[k^{h}a^{22}ʔia^{53}] **“耘田”**

插秧后一个月左右即开始除草和松土等田间管理。多用锄头、手或脚松土，清除田间杂草。

5-13◆平岩

5-15◆平岩

[jaːŋ^{11}]“假人”

由于无法时刻守在田边防止麻雀等来偷吃稻谷或啃食稻蔸，农民会在稻田中用木棍与稻草搭成简易的假人。

[lam^{44}liaːi^{22}]“赶麻雀”

水稻即将成熟之际，会有鸟雀飞来偷吃稻谷，需要时不时到田边来驱赶。

5-14◆平流

5-18◆寨大

[ɕu^{44}qau^{31}] “收稻子”

稻子成熟后用镰刀、禾剪等农具进行收割。传统上糯稻和籼稻的收割方式不同，前者称为“剪糯稻”（见图 5-20），先剪稻秆后割稻蔸，后者称为“割稻子”（见图 5-19），先割稻蔸后用打谷机或打谷桶脱粒。

[kaːt^{22}qau^{31}] “割稻子”

专指用镰刀收割粳稻稻秆并现场脱粒的收割方式。粳稻稻秆相对较短，收割时可尽量在稻株底端收割，留下的稻蔸比较矮，保证稻秆足够长，方便用打谷机或打谷桶脱粒。

5-19◆高定

5-16◆马坪

5-17◆平流

[paːŋ^{22}ja^{44}ha^{44}liaːi^{22}] "挂布条吓雀"

除了假人，农民还会将布条挂在枝条上，插于稻田里，布条会随风摆动或发出声音，以此来驱赶鸟雀。也有的将猛禽或家禽翅羽或尾羽插在塑料盒上，如图5-16所示。

[je^{13}nɔk^{11}] "捕鸟网"

围在稻田四周以阻止麻雀等小鸟偷食稻谷的丝网。多用于靠近山脚的小块田地，因为相对于成片、空旷的大片田地，狭小的空间更利于布网。这是防止麻雀等来偷食稻谷比较有效的办法，但购置并支起捕鸟网需要耗费较大的人力物力。

[t^{h}aːn^{13}qau^{31}] "剪糯稻"

专指用禾剪收糯谷的收割方式。由于糯谷晒干前不易脱粒，传统上专用特制的禾剪（见图5-54）来收割，捆成一把一把的挂起来晒干后再脱粒。收糯谷时单手持禾剪，在茎秆上剪断，一株一株收割，比较耗费时间。为了抢时间收稻子，一般会集中人力先剪稻谷，割稻蔸、扎稻草等环节可以延后。

5-20◆高定

5-21◆寨大

[pɛk^{31}qau^{31}] “打谷”

粳稻和籼稻的脱粒方式。打谷前十来天要放干田里的水，使稻子少吸收水分，便于收割脱粒。收割时先将整株稻子割下，堆成谷把，再一把一把地伸进滚筒打谷机里脱粒。旧时收获稻谷使用四方形的木质打谷桶，双手握着谷把在谷桶内壁使劲摔打，使谷粒脱落。这种方式速度较慢，但打下来的大多是饱满的谷子，秕谷少，而且也比较干净，夹杂的稻草少。

[k^{h}a^{11}vaːŋ^{44}] “除去稻草”

打谷时摔打等动作会将杂草、稻叶等一起随着谷子打入谷桶里，需要时不时拣出去。

5-22◆高定

5-24◆知了

[ɕa^{53}qau^{31}] **“晒稻谷”**

将收获的稻谷晒干，以便入仓存储，不然稻谷容易霉变或发芽。粳稻和籼稻收割时即能脱粒，除去稻草杂物就可置于大石板、水泥坪地、晒席或塑料篷布上摊平晾晒，需要经常用谷耙翻动稻谷，一般晾晒一两天即可干透。

[pɔŋ^{22}vaːŋ^{44}] **“稻草垛”**

田边堆放干稻草的稻草堆。在田边搭起一个简易木架，中间竖一根木杆，将晒干的稻草绕着木杆逐层整齐地堆放在木架上。垛身往上逐渐收小，便于日后爬上去取稻草。木杆顶端扣一捆稻草，防止雨水沿木杆渗入草垛里。木架离地面有一人多高，防止放养的牛马偷食稻草，也有防潮作用。

5-23◆高定

5-25◆知了

[ɕa^{53}qau^{31}tɕɔ^{22}] “晒糯谷”

糯谷的传统晾晒方式。可将谷把挂在禾晾或屋檐下的晾杆上。这种方式不受地形影响，但由于阳光照射不均，加上稻穗堆积较厚，需要较长时间晾晒。另一种方式是晾晒于晒席、篷布上，具体方法是：双手握住谷把的茎秆部分，用力旋转，稻穗部分呈裙子状展开，均匀摊开晾晒一段时间，之后再提起，茎秆部分朝下，倒扣于地上再晾晒一阵。如此反复，一两天稻谷就能干透。

[lai^{353}qau^{31}] “锤谷”

将晒干的糯谷把放在圆木段上，用谷锤锤打稻穗脱粒。这种脱粒方式适用于糯谷。

5-26◆信洞（杨忠平摄）

5-27◆平岩（杨忠平摄）

[ɬa:k^{22}qau^{31}]“舂米”

用石碓除去稻粒外壳的方式。稻谷脱粒晒干，置于石臼中，反复踩踏舂捣石臼中的谷粒，使仁与壳分离。舂碓的同时可手持木杆不断翻动臼中谷粒。也可以用水力带动石碓舂米，如今多用碾米机碾米，舂米已不多见。

[ȵen^{322}qau^{31}]“碾米”

用碾米机将稻谷去壳。效率比舂米高得多。每个村寨都有一两台碾米机，部分家庭有小型碾米机。

5-28◆高定

5-29◆知了

[lau^{44}man^{11}]“挖薯”

红薯、芋头、薯莨、凉薯、木薯等薯类在侗族地区广泛种植，一般秋后采挖储藏。这些薯类食品是传统上的主要杂粮，在日常饮食中有着重要的作用。三江一些村寨还有与薯类相关的节庆习俗，如林溪镇高秀侗寨每年都会举行传统的红薯节。

[tɕəp^{44}ɕe^{21}]“摘茶叶”

种植茶叶是当地的主要经济来源之一，几乎家家户户都在自家的旱地上种植。近年来茶叶价格不错，有些干脆在高山上或产量不高的稻田里改种茶叶，以提高经济收入。

5-30◆高定

[ʔaːu^{44}kaːm^{44}]“采摘蓝靛草”

妇女农闲时的主要活动之一。蓝靛草是染制侗布的主要原料之一，当地广泛种植，夏秋季节采摘后浸泡制成染料。

5-31◆车寨

二 农具

5-32◆高定

[tɕɔk^{22}q^{h}u^{353}] “掘地锄”

常见的一种锄头。锄柄长，锄身长方形，刃口扁平锋利，呈弯月状，多用来翻动坚硬的土地。侗语意为“猪锄”，如猪拱地般高效。

5-33◆平流

[tɕɔk^{22}ɕu^{11}] “田埂锄”

主要用来修整田埂或做垄的锄头。锄柄相对较短。

5-34◆高秀

[tɕɔk^{22}kua^{322}] “薅锄”

在茶地、水田锄草的锄头。锄刃宽而薄，呈三角形。

5-35◆平流

5-40◆高定

[tɕɔk²²laːk³¹] **"小薅锄"**

一种可单手持握的短柄小锄头。多用来锄菜地中的杂草。也用来种菜，一手持菜秧，一手持锄挖坑填土。侗语意为"锄子""锄头儿"。

[laːm³²²qau⁴⁴ɬuk¹¹ȵaːŋ²²] **"带钩草绳"**

一端系有一个木钩的绳索，用来捆绑稻草。木钩的作用是钩住绳索，避免绳索滑脱。配合草担使用，用毕捆于草担上。

[qaːn¹¹ȵau³¹] **"抬杠"**

专门用来抬运木头的粗木棍。将钉钮钉牢于木头上，将粗索穿过钉钮后打个环形结，将抬杠穿过索环，两人于木头两边拖拉。大木头则需多人合作移动。

5-39◆富禄（杨忠平摄）

5-36◆高定

[qaːn^{11}pen^{322}] **“扁担”**

用木质坚硬的杂木削成的挑担。两端微翘，且各有一颗凸起的圆竹钉，避免挑东西时从两端滑落。

[qaːn^{11}laːm^{353}] **“草担”**

专门用于挑稻草的挑担。将竹竿两端削尖而成。由于竹竿中空，只能将一侧削尖。削尖部分还要稍加烧烤，避免刀口处起毛刺，刺入稻草时带来阻力，不够平顺省力。

5-38◆高定

5-37◆高定

[qaːn^{11}tɕit^{44}] **“柴担”**

专门用于挑柴火的挑担。由木质坚硬的杂木削成。两端有拱起的凸角，防止柴火滑落。

5-41◆高友

[ɕɛu^{53}q^{h}a^{13}ʔiaːi^{22}]“长耳撮箕”

一种撮箕。两侧有用宽竹篾拧成的大长耳，顶部套有绳圈，便于挂在扁担上。多用来挑运农家肥、土块、石头等重物，或到菜园或田埂割草时装草用。

[ɬaŋ^{31}]“带耳方底圆口箩”

一种箩筐。形状似方底圆口箩，略小。筐身两侧有竹质环形提手，扁担穿过即可肩挑，便于在崎岖山间行走。多用来去山上油茶林地装茶籽。

[kui^{44}]“筐子”

一种竹篾编制的圆底圆口柱形盛器。箩身稀疏，多用来装瓜果蔬菜等。

5-43◆三江县城

5-44◆平流

5-42◆高定

[lɔ^{21}tɕɔ^{11}] **“方底圆口箩”**

大型竹编盛器。底部呈方形，顶部开圆口，无盖。无提耳，用绳索穿过底部，从四面往上兜住箩身作为提绳。箩身用细圆竹篾编制，细密结实。多用于平地挑运或存放谷物等。

[tɕaːu^{11}] **“背篓”**

一种竹编盛器。圆口圆底，底部收小。同一侧穿两个绳索做背带。体积较大，多用来装上山劳作所需用品，如饭盒、水壶、餐具等。多见于古宜一带，苗江一带少见。

5-45◆牙林

5-47◆高定

[p^{h}iu^{13}lem^{31}]“**镰刀篓**”

用来装镰刀和钩刀的竹编盛器。可斜挎于肩上或系于腰间。

[p^{h}iu^{13}]“**腰篓**”

一种用扁细竹篾编成的密实盛器。正面呈人身形，脖子为圆柱形，篓肩篓身为扁圆形，底部长方形，圆口，无盖。体积不大，绳索穿过篓肩系于腰间。口圆方便装东西，身扁背起来贴身。用于上山时装采摘的野果、野菜、菌类等，现在多数用来装茶叶。

5-46◆布央

5-48◆高秀

[pək^{44}mia^{31}]“**柴刀壳**”

两块杉木板拼合而成的刀鞘类工具。装平头柴刀用，绳索系于腰后。

[mia^{31}kaːu^{22}ʔiaːi^{322}]“**尖头刀**”

一种刀身窄长、刀头尖利的单刃刀具，整体呈柳叶形。多用来杀猪，也可用来砍骨头。

5-53◆高定

5-51◆高秀

[mia^{31}kau^{44}] “钩刀”

刀头向内略为弯曲呈尖钩状的刀具。除了劈砍灌木、柴火、竹子等，也可用来剥树皮。

[lem^{31}] “镰刀”

主要用来收割作物或割草的刀具。刃口呈月牙状，便于聚拢和割断作物植株。

5-50◆高秀

5-49◆高秀

[mia^{31}tɕit^{44}] “柴刀”

一种当地特色刀具。刀面较宽，刀口锋利，刀背厚实。多用于砍柴、竹子等。与钩刀（见图 5-51）相近，少了尖钩状刀头。

[mia^{31}p^{h}u^{13}len^{31}] “草刀”

一种护林用刀具。兼备镰刀和钩刀的外形和功能。柄很长，需双手持握，避免被荆棘扎伤，可劈砍杉树、竹子上的枝丫。

5-52◆寨明

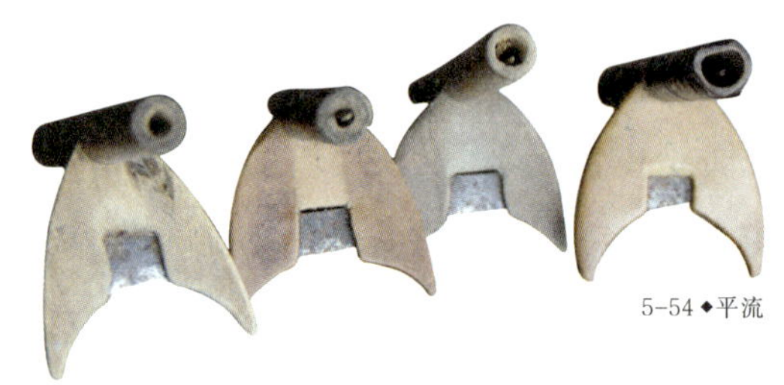

5-54◆平流

[tep^{44}]“禾剪”

收割糯谷的专用器具。外形似一把小铲子，由一块木板与一段竹竿组成，木板中心嵌有一块锋利的铁片，整个木板又嵌在竹竿中部偏底端。使用时将小拇指置于木板下部，以做支撑，用其余手指握住竹竿，收割稻穗时以食指及拇指把控竹竿，用中指及无名指将稻穗秆拨向铁片并施力割断。禾剪现在仍是三江侗族收割糯谷的主要工具。

5-60◆高定

[k^{h}ai^{13}k^{h}ut^{44}]“铁犁”

犁的一种。整个犁身都由铁制成，部件之间用铁焊接。

5-59◆高定

[k^{h}ai^{13}]“犁”

传统上用来给稻田翻土松土的重要农具。由犁柱、犁铧、犁曲三部分构成，犁铧为铁质，其余均为木质。与牛轭搭配使用，让耕牛拉犁，人掌握犁柱犁田。犁田是重体力活，多由男子承担。

5-58◆高友

[haːi^{31}pa^{21}] **“木板耙”**

一种耙子，耙头为一整块长方形木板。分带齿与不带齿两种。带齿者只有一面带齿，齿粗短，直接在木板上锯出或削出。耙田后用来辅助平整稻田，也可做晒谷工具，用来摊开、翻动或聚拢谷物。

5-56◆平岩

[kaːi^{322}] **“粪耙”**

用于抓取或翻动粪肥的长柄农具。有两齿和三齿两种。

5-55◆车寨

[kaːi^{322}k^{h}ut^{44}] **“铁齿耙”**

一种带长木柄的多齿农具。耙田时田里的一些犄角旮旯耕牛去不了，需要借助这种工具去松土、碎土等。

[kaːi^{322}mai^{31}] **“木齿耙”**

晒谷时用于摊平和翻动谷物的长柄工具。整体都由木头制成。耙头上下两面都有木齿。

5-57◆知了

5-62◆寨明

[pa^{11}kun^{53}t^{h}uŋ^{21}] “滚筒耙”

耕作工具。一根水平轴上套着一个布满铁齿的铁滚筒，十分沉重，主要用于犁地后进一步松土、碎土。

[pa^{11}] “耙”

耙田的主要工具。有平耙和滚筒耙（见图5-62）两种。平耙最常见，有铁齿木身的（见图5-61），有全部木制的木耙（见图5-63），有全部铁制的铁耙（见图5-64）。滚筒耙用双手拉，平耙与牛轭搭配使用，让耕牛牵拉，人双手握耙，到田块低处时提起，高处时则下压，以拖匀、整平稻田。

5-61◆高定

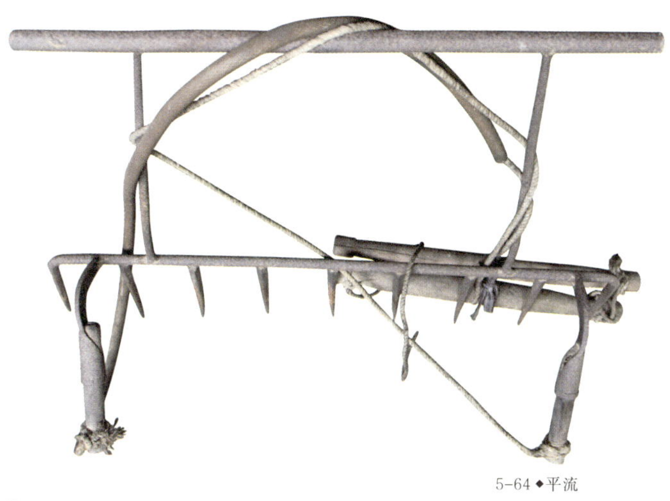

5-64◆平流

[pa^{11}k^{h}ut^{44}] “铁耙”

整个耙都由铁焊制而成，很重，耙田效果较好。

5-63◆三江县城（廖秋娜摄）

[pa^{11}mai^{31}] “木耙”

耙身和耙齿都用坚硬杂木削制而成，较古老，现在少见。

5-65◆邑团

[mət^{44}] “水车”

传统灌溉工具。多架设在溪河边，由水力驱动。侗族主要从事水稻耕种，又多依山傍水而居，水车如今在三江的部分侗族村寨依然在使用。

5-66◆马坪（杨忠平摄）

[mət^{44}ȵen^{31}qau^{31}]“水碾”

侗语意为“碾米水车”。一种以水力驱动的碾磨工具。如今随着电动碾米机的普及，水碾已很少见。

[hɔk^{11}]“打谷桶”

传统谷物收获工具。口部比底部略大，形似一个巨大的倒梯形木盆。常选用密度较高、质地坚韧的木板制成，如泡桐木、杉木等。如今已逐渐被打谷机取代。

5-67◆岩脚

[ɕai^{44}ɬəi^{53}]“米筛”

侗语意为“细筛”。筛眼较细小，用来筛选和过滤米、糠等。

5-71◆高定

5-68◆高定

5-70◆高定

[kui⁵³] "谷锤"

专用来给糯谷脱粒的木锤。现在较少见。

[ɕai⁴⁴laːu³¹] "粗眼筛"

侗语意为"大筛"。筛眼有小指头般大小。初步筛选大颗粒物。如舂捣木薯粉后要过一道初筛，选出大颗粒木薯再行舂捣。也可用于给稻谷去除稻草。

[ta³¹ku¹¹tɕi²²] "打谷机"

常见的脱粒工具。半自动半机械装置，通过踩踏板转动滚筒，利用滚筒上的铁圈使稻穗脱粒。已逐渐取代打谷桶，成为籼稻、粳稻脱粒的主要工具。

5-69◆高定

5-72◆三江县城

[ɕai^{44}lɔ^{11}] **“细眼筛”**

侗语意为“箩筛”。筛眼很细，用细钢丝编成，用于筛米粉、面粉等粉状物。

5-75◆马胖

[lɔŋ^{22}laːu^{31}] **“大簸箕”**

用宽扁竹篾编成的圆形大簸箕，主要用来晾晒谷物或食材，也用来簸谷子、簸米等。

[puaːi^{322}] **“焙箩”**

用竹篾编制而成的稻谷烘干工具。箩身编得很细密。外形呈桶状，腰部稍细并有竹横片隔层。下部呈喇叭状，扣在火盆上烘干。一次可烘干稻谷 30 斤左右。三江冬春季常常潮湿多雨，焙箩经常使用。

5-78◆布央

[ŋaːŋ^{11}] **“焙篮”**

用来烘焙糯谷的大型竹编工具。吊挂于火塘上方，将禾把摊开摆于篮内烘烤。篮下还常常吊挂腊肉、茶饼等，充分利用火塘。焙篮要挂得高一些，矮了容易引燃谷物，造成火灾隐患。

5-79◆牙林

[saːi^{44}ten^{44}] **“晒簟”**

摊晒稻谷的大竹垫。宽两三米，长五六米。用来晾晒收割后的粳稻或籼稻。现在多用塑料篷布。

5-77◆平流

5-76◆高定

[lɔŋ^{22}ɬəi^{53}] “小簸箕”

用宽扁竹篾编成的圆形小簸箕，主要用来盛米或簸米。

5-73◆三江县城

[ɕai^{44}pa^{322}] “糠筛”

专用来筛米糠的筛子。侗语意为“米糠筛子”。筛眼比细眼筛的略大一些。

5-74◆牙林

[ɕa^{44}qau^{31}] “风车”

用于筛除瘪谷的工具。将稻谷晒干后倒入上方的谷斗内，打开开关使之徐徐落下，同时用手不停摇动铁柄，带动风扇叶，将瘪谷从左边的口子吹出，底部出口掉落下来的则为饱满的稻谷。也可用来扬稻米。

三 手工艺

5-80◆岑旁（杨忠平摄

[ɬaːn^{44}lɔ^{11}] **“编箩筐”**

传统竹编工艺。竹编器具在侗族地区广泛使用，编制工艺普遍较高，且广为流传，许多人都能随手编制简易器具。箩筐等复杂一些的器具多由篾匠编制。篾匠许多是兼职的，多在农闲时编制。

[tɕɛu^{44}ke^{31}] **“雕刻”**

把木材、石头或其他材料切割或雕刻成预期的形状。常用工具有刀、凿子、扁斧和锤子等。

5-84◆高友

[tɕɛu^{44}va^{13}] **“雕花”**

传统木雕工艺。在木器上或房屋的隔扇、窗户等上头雕刻各式各样的装饰图案。

5-83◆高秀

5-81◆布央

[ɬaːn44jeu22] “织捞绞”

用苎麻绳编织抄网的网囊。多为妇女在闲暇或聊天时编织。

[ɬaːn44je13] “织渔网”

常见的传统手工艺。编织渔网需要一块尺板和一个鱼骨形梭针。编织时将梭针在尺板上及上一层的网眼中来回穿梭系扣，每一行可加针，这样网越织越长。板子长约 15 厘米，宽度即网眼的大小，根据网的用途而定。梭针宽度要小于尺板宽度（即网眼大小），以方便穿过网眼为宜。渔网多由男子闲暇时编织，现在也有人到集市上购买现成的。

5-82◆渔民新村（杨忠平摄）

5-85◆平岩

[$tɕ^ha^{353}ju^{11}$] “上油”

给家具、门窗等表面涂油以达到保护、润滑、美观等效果。侗族地区所用油漆多来自野生或种植的油桐树，取其果提炼而得。桐油渗透力强，防潮防腐效果好，是刷房屋、船只、家具的传统油料，经济环保。

[$ka^{53}pan^{11}mia^{31}$] “磨刀架”

固定磨刀石所用的架子。将木块削出方形凹槽，将磨刀石嵌入即可。

5-86◆高定

[$tɕin^{44}pan^{11}tɕɔk^{22}$] “磨锄石”

用来磨锄头的石头。多为天然的大块砂岩石。表面相对粗糙，没有磨刀石那么光滑细腻。另外，由于锄头的刃部比较宽大，相比于磨刀石，磨锄石的磨面要宽大一些。

5-87◆高秀

5-89◆高定

[tɕin^{44}pan^{11}ȵi^{31}]“细磨石”

表面平整、光滑细腻的磨刀石。用来将刀具进一步打磨光滑。多为天然的条块状灰色砂岩石。

5-88◆平岩

[tɕin^{44}pan^{11}mia^{31}]“磨刀石”

用来磨菜刀、斧头等刀具的石头。磨刀石一般分两种，粗磨石和细磨石，对应于粗磨和细磨两种需要。粗磨石硬度相对大一些，磨面也相对粗糙。细磨石平整光滑，适合对刀刃的进一步细致打磨。习俗认为妇女不能坐在磨刀石上，不然生的孩子会畸形不健康。

5-90◆高定

[ŋan^{31}men^{11}]“棉花脱籽机”

用来去除棉籽的简易轧棉机。一边摇动手柄，一边将棉花递入转轴间，棉花在车前被带出，棉籽落于车后。

5-91◆平岩

[ɕa²²men¹¹]“纺纱”

传统的纺纱全靠手工完成，工艺比较复杂。首先要轧棉去籽，再把蓬松的棉花搓成松散的棉条，然后再用纺织机慢慢地把棉条纺成细密的纱或线。三江侗族至今仍然普遍种棉花、采麻，女子所穿衣服多用自纺自织自染的侗布制成。

[pyn⁴⁴]“绕纱竹笼”

竹篾编制而成的鱼雷形卷纱笼子。笼身编得较为密实。中空，头部有孔眼，横插在架子上，摇动手柄，带动竹笼转动，用以卷绕纱线。

5-92◆高定（守艺摄）

5-94◆平岩

[$t^{h}am^{22}ja^{44}$]“织布”

将纱线纺织成布匹的传统工艺流程。手工织布的工艺较为复杂，从采棉纺线到上机织布经轧棉、弹花、纺纱、浆纱、落线、经线、刷线、织布等大小十多道工序。纺纱织布是传统侗族女子必备的技能，且代代相传。侗族女孩从小就在母亲的指导下学习纺织技艺，至长大出嫁，母亲就把织机送给女儿作为陪嫁。侗族款词有“男子游村走寨，女子坐家织麻”的词句。

[$vɛ^{31}ta{:}k^{22}$]“织锦”

用染好颜色的彩色经纬线经提花、织造环节织出图案的传统技艺。侗锦分素锦和彩锦。素锦以两种颜色编织而成，或黑白或黑蓝或蓝白，一般以白为经，蓝、黑为纬。彩锦一般以棉线和丝线杂织而成，棉线为经，丝线为纬。棉线多为白、靛青或蓝色，丝线常用红、绿、黄、紫、蓝诸色。锦正面色彩缤纷，十分艳丽，图案多为矩形几何纹，杂有各色花卉、蝴蝶、鸟兽等图案。侗锦工艺复杂，精美华丽，千百年来靠口口相传及母女师承、师徒承袭等方式代代传承至今。

5-93◆南寨（杨忠平摄）

5-95◆平流

[mai^{31}taːk^{22}]“打纬木刀”

织机上有引导纬线进入梭道的大板斧形木构件。兼有木梭和槌板的作用。纬线每织一两下就用打纬木刀打紧一下，使其与经线交织紧密牢固。

5-96◆平流

[ja^{44}men^{11}kam^{44}]“土布”

侗语意为“侗族棉布”。三江侗族如今依然坚持着民族传统侗布制作，从种棉纺纱到织布染布，前前后后经过几十上百道工序，均采用纯手工、纯天然染料制作。侗族土布多为蓝、青两色，是制作侗族传统服饰的主要衣料。

5-97◆高定

[jam^{22}ja^{44}]“染布”

侗布制作的最后一个环节，包含制染料、染色、[tɔ^{22}pi^{11}]“上皮”、[tɔ^{22}liaːŋ^{22}]“着莨”、晾晒、锤布等多道复杂工序。染料原料主要有靛和莨两种，前者深蓝色，做底色用，莨棕红色，做增亮色用。染液发酵、配制好后将白布放入染桶里染色，之后要给布匹上一层黏胶，起固色作用，这便是上皮。上皮之后是着莨，可以让布匹颜色更加光鲜亮丽。每次上皮和着莨后都要锤打，以使布匹变得柔软光滑。一匹白布经过反复的浸染、上皮、着莨、晾晒、锤打等，最终变成质地细腻、光泽透亮、绿色环保、经久耐穿的侗布。

5-100◆高定

[ȵum^{31}]“染液”

蓝靛提炼出来后加入米酒、稻草碱、牛皮膏等材料进行调配而得到的蓝色染液。用这类染液染出来的蓝色布料就是“蓝布”。若加入舂碎的薯莨则得到青紫色染液，用这种染液染出来的青紫色布料就是[ja^{44}ja^{353}]“红布”（女子用布）或[ja^{44}na:u^{44}]“薯莨布”（黑布或青布，男子用布）。

[tən^{322}]“蓝靛”

将蓝靛草（侗语[ka:m^{44}]）浸泡三五天，充分发酵后加入石灰使靛液固化为蓝浆，滤去水即成蓝靛（靛浆）。蓝靛是染料的主要原料。

5-98◆牙林

[pa:ŋ^{11}ȵum^{31}]“大染桶”

专门用来染布的大木桶。蓝靛草收割洗净后放入桶里加清水浸泡三五天，待清水变蓝后加入生石灰，再用盆将水舀起后抬高倒入桶中，起搅拌中和作用，如此反复直至泡沫消散。静置一两天后倒掉上层水就会得到沉淀于桶底的靛浆。染布前，先往木桶里加入清水，再将蓝靛、稻草碱和米酒按一定比例放入桶里拌匀，静置几天，当桶里的液体泛黄后即可开始染布。

5-99◆高定

5-101◆独峒

[naːu44] “薯莨”

制作侗族红布或青布所需的必备原料之一。捣碎后加入蓝靛染液里调配即得到青紫色染液，颜色深浅取决于薯莨多少。

[təp44ja44] “叠布”

染布过程的一道工序。将布匹折叠整齐再逐段入缸浸染，以确保各段染透染匀。染后漂洗晾晒，干后再次折叠，捋平理顺，顺带检查布匹有无染色不均等情况，方便下一次浸染。每次上皮、着莨后都要锤打，而锤打前亦需将布匹折叠整齐以保证锤打均匀。

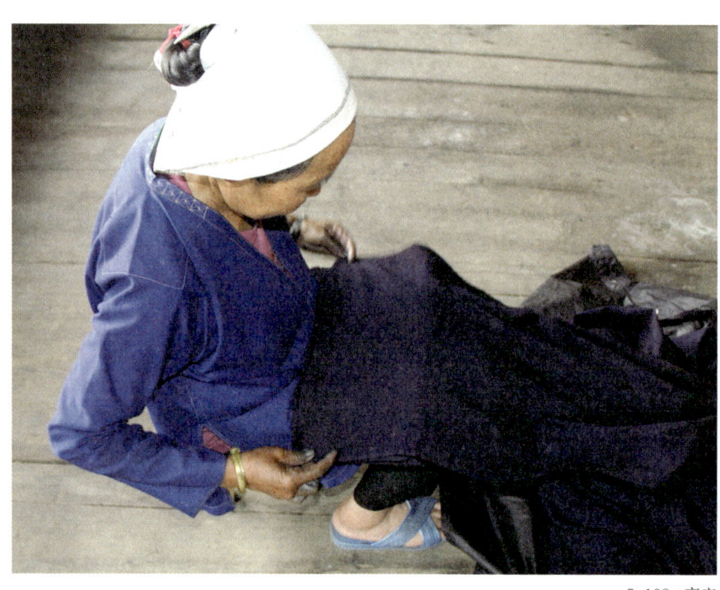

5-102◆高定

5-103◆高定

[ɕa⁵³ja⁴⁴]“晒布”

侗布浸染过程需要反复浸染、晾晒多次，浸染与晾晒交叉进行，以免日后容易褪色，也可确保染色均匀一致。

[tɕɔk⁴⁴ja⁴⁴]“锤布”

侗布制作的一道重要工序。将布匹折叠整齐置于青石板上用专用木锤反复锤打。锤布讲究用力适度均匀，需要将整块布面反复锤打多次。使侗布变得柔软，便于裁剪及穿针引线，也可使布料光滑平整。

5-104◆布央（吴蕙摄）

5-106◆布央（唐汉忠摄）

[kun^{44}va^{13}]“剪纸”

传统民间技艺。剪纸分两种：一种为服饰刺绣底样的剪纸，多做胸花、背带盖、童帽等装饰片的贴花刺绣底样；另一种为节庆活动或祭祀典礼仪式中的装饰性剪纸。侗族服饰刺绣都要用剪纸图案为底样。剪纸多出自女艺人，她们无须画草图，而是随手剪来。侗族剪纸讲究“凡图必有意，有意必吉祥”，常以借代、隐喻、比拟、谐音等手法表现。

5-105◆布央（唐汉忠摄）

[vε^{31}va^{13}]“刺绣”

侗族服饰制作的重要工艺，将各种彩色丝线或棉线绣在织物表面，构成各种图案。刺绣之前先剪纸图，将纸图贴在布上，然后用针线绣出。常用绣种是平绣，在平面底料（多为绸缎）上贴上图案，运用齐针、套针等针法绣出。刺绣的图案花样繁多，以龙凤、树木、花草为主。刺绣最能体现侗族服装的特点和价值。

[paːu^{44}mək^{11}]“腕斗”

戴在手腕上的牛角墨斗。放有棉纱或海绵并浸有墨汁，将竹笔点一点墨汁即可在木料上刻画线条。小巧，灵活，方便。

5-108◆布央

[pa^{53}qaːi^{53}ma^{22}]“活动鲁班尺”

木匠师傅设计木楼的专用测量工具，类似圆规，角度可灵活调整。侗语意为“软鸡翅”，取柔软灵活之意。

5-110◆布央

5-107◆布央

[ɬaːu^{31}mək^{11}] “墨斗”

在木料表面画线定位的工具。主要结构为板身、木轮和墨仓。墨斗多由木匠自制，板身常雕成桃形、鱼形、龙形等。

5-111◆高定

[ɬuaːn^{53}] “手工钻”

在木头上钻孔的工具。

5-109◆高秀

[ɕət^{22}pa^{53}qaːi^{53}] “鲁班尺”

工匠度量、矫正的重要工具。侗语意为“鸡翅尺”，似雄鸡展翅之状。

5-112◆布央

[ma^{31}mai^{31}]“木马”

木工必备的作业平台。用木头拼搭的三足支架，上面放置木料，以便进行刨、锯、削、钻、凿等作业。

[ɬeu^{53}piŋ^{11}ɕen^{22}]“平板凿”

常见的凿子类型。凿身相对扁薄，刀口宽大平直，往上逐渐收窄。主要用于修平四方形柱眼的内里，或是修穿枋四方形枋头的边沿（如图 5-117 所示）。凿子有平板凿、砍凿、四分凿、二分凿、一分凿、三角凿、半圆口凿，等等。

5-117◆布央

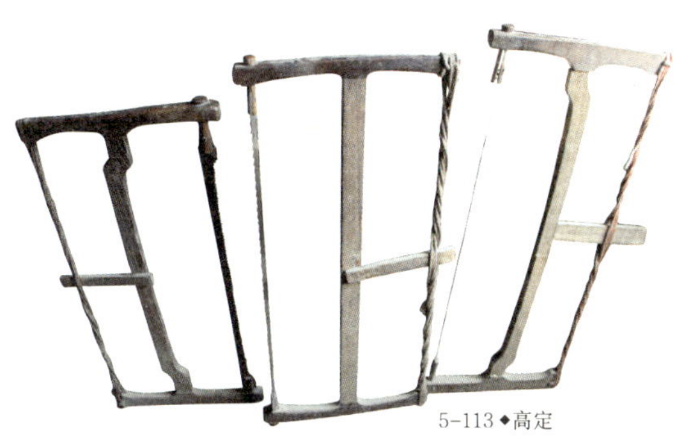

5-113◆高定

[tɕɔ⁵³] "锯子"

用来把木料或者其他需要加工的材料锯断或锯开的工具。形制各异，大小不同。

5-115◆布央

[tau⁵³tɕy¹³] "斗锯"

一种大锯子，用来纵向切开大木料。锯条宽三指左右，长约1.8米。将木料架在两米多高的架子上，一人站在木料上，一人在下，两人双手上下来回推拉锯子。随着电锯的出现，斗锯已少用。

[tʰuaːi¹³] "手推刨"

5-116◆高定

侗族木匠的必备工具之一。一般由刨身、挡板、滑板、圆头螺栓、方头螺栓、柱形螺母、球形螺母、销柱、楔片、手柄和刨刀等部件构成，多为木匠亲自打造。手推刨种类繁多，大小不一，形制各异，以适应不同需要，有长刨、中刨、短刨、单线刨、裁口刨、槽刨、花牙刨，等等。长刨长约50厘米，主要用来拉平木料表面，多用于木料表面的精细加工。中刨长约35厘米，用于木料表面的一般加工，属于刨削的中间阶段。短刨长约25厘米，常用于刨削木材粗糙的表面，属于刨削的粗加工阶段。

5-114◆平流

[paːn³²²tɕy¹³] "板锯"

一种大锯子，用来锯断大木料。锯条宽大，锯齿一侧略呈弧形，最宽处巴掌大小，长1.2至1.5米。需两人合作使用，分别在木料的两侧推拉。

5-121◆平岩

[ma^{31}tɕiŋ^{44}] "马钉"

将两根木料进行连接或加固的宽"U"形铁钉，木料加工常用工具。常成对使用。如用斗锯切割圆形木料时需用马钉将木料固定在架子横梁上，避免移动。

5-118◆高定

[kuaːn^{44}] "斧头"

用于砍削的工具。分为斧头和斧柄两部分。刃口较宽，略呈弧形。斧柄较短，可单手持握。多用来劈砍骨头或柴火。

5-119◆平流

[kuaːn^{44}tɕit^{44}] "伐木斧"

侗语意为"柴斧"。手柄较一般斧子长，便于双手持握。斧头为楔子形，有刃一面略内扣，尾部厚而窄，刃部略呈弧形，便于砍伐粗大的树木。

5-120◆平流

[tɕa^{22}] "凿斧"

专门用来开凿柱眼的一种斧子，是斧与凿的结合体。手柄与斧头成直角，但斧嘴细长，略向内扣，更能深入柱身。

四 商业

5-122◆高定

[p^{h}u^{353}la:k^{31}] “小卖部”

多设在村寨里，主要出售糖果、点心、冷饮、烟酒、日用品等。

[tɕum^{11}t^{h}a:n^{22}vai^{13}] “摊位”

出售货物的摊子。多出售五金、农具、成衣、布匹等商品。

5-123◆独峒

5-124◆平流

[kyu⁵³] **“杆秤”**

传统称重工具。最常见的一种秤，由带有秤星的秤杆、金属秤锤、提纽等部件组成。

5-126◆高定

[tɔŋ¹¹jɔ¹³] **“量米筒”**

用来量米的竹筒。多分为一斤装和半斤装两种。

5-125◆平流

[li³¹] **“戥子”**

用小铜点做刻度标记的微型杆秤。用来称量少而贵重的物品，如金银、药材等。

五 其他行业

5-128◆布央

[tam^{53}pia^{44}] “石板陷阱”

旧时用于在山间地头捕捉野鼠等小动物的器具。由石板、立杆、支杆、诱饵签、发条等部件构成。

[t^{h}aːn^{353}] “木炭”

用炭窑烧制的木炭，用于冬天取暖或烘烤谷物等。野生栗木等少数几种杂木烧制的木炭质量最好，火力旺又耐烧。烧炭多在秋收后的农闲时节，为冬天烤火备薪炭，富余的拿去卖。

5-127◆独峒

5-129◆高定

[kap^{44}meu^{31}] “竹夹子”

旧时用来捕捉田鼠、鹌鹑等小动物的竹夹子。由竹筒、竹板、竹片、绳索等部件构成，设有机关，架设在田鼠、鹌鹑等动物经常出没的通道上。

[ȵep^{22}] “铁夹子”

捕获动物的一种铁质器具。大小不等，小的有饭碗大小，用来捕老鼠等小动物，大的与脸盆差不多，用来捕野猪等大型动物。多安装在动物出没的路径上或洞穴口。随着环保意识的普及，现已禁用。

5-130◆平流

5-131◆平流

[t^{h}aːu^{353}] “禽鸟套”

又称 [lyɔm^{22}]。旧时一种捕获禽鸟的绳套。用棕皮编制而成，在一根绳索上挂若干连环细索套，将其横拦在野鸡等禽鸟经过的路径上，禽鸟经过时会将头伸入索套里而被套住。

5-132◆高定

[tam^{53}] **“老鼠笼”**

传统捕猎用具。捕捉鼠、兔等小动物的铁笼子，内置诱饵、机关。

5-134◆平流

[tɔŋ^{11}mai^{31}vɛ^{31}qa^{11}] **“种菇木段”**

长 1 米左右的用来培植香菇的原木段。种植香菇所用的原木树种较为讲究，多用楮木（侗语叫 [mai^{31}tuaːi^{322}]）。用楮木种植的香菇品质好，产量高。

[pɔŋ^{11}vɛ^{31}qa^{11}] **“菇棚”**

种植香菇用的简易木棚。以前砍伐树木来种植香菇。将植入菌种的原木段码放于木棚里保持阴凉湿润，利于菌丝生长。现在林木资源宝贵，不再砍伐树木种植。

5-133◆平流

5-136◆平岩（杨岳艳摄）

5-137◆平流

[qɔk^{22}lɔk^{22}]“木铃”

便于寻找耕牛的竹器。扁圆形竹筒，内挂三四截硬木块，挂在牛脖子上，牛吃草或走动时木块与竹筒碰撞而叮咚作响，以此辨别和追踪牛的位置。秋收后人们便把耕牛留在山林中放养，任其自由觅食，春耕或需要用时再去山林里找回来，木铃为此而用。

[ɬaːu^{11}vai^{11}]“喂牛”

供打斗用的公牛的喂养方式。为了保持和提高公牛的战斗力，公牛常年关在相对密闭的牛圈里，每天定时喂养，时不时牵出来“放放风”，磨磨犄角，浸浸水，可降温消暑。

5-138◆平流

[ɬaːŋ^{31}pət^{44}]“放鸭”

鸭子的一种饲养方式。稻田里养鱼养鸭是侗族的传统稻作模式，形成了稻鱼鸭共生的系统。不过，水稻生长过程中的特定时期不宜将鸭子放到田里，如禾苗抽穗至稻子成熟期间，不然鸭子会吃掉稻穗稻谷，破坏庄稼。这段时间人们通常会将鸭子圈养起来或是赶到溪河里去吃虫子或鱼虾，早上放出去晚上赶回家，早晚喂些谷物即可。

5-135◆平流

[ɬaːŋ31vai11] “牧牛”

春夏秋，需要有人牧牛以免耕牛破坏庄稼。若腾不出人手放牧则多采取圈养方式，有时几家人的牛一起放牧，每家轮流派人看管，但前提是要避免这些牛里有相互打斗的公牛。

5-139◆车寨

[ka^{31}lɔ^{44}je^{13}] "渔民"

侗语意为"网船客"，指专门撑船网鱼的汉人。沿融江、寻江而居，过去多以船为家，以捕鱼和水运为生。

[tɔ^{22}je^{13}] "下网"

侗族男子的一种生计和娱乐方式。侗族村寨多依山傍水，村前有江河或小溪，劳作之余撒网捕鱼，一来可以放松休闲，二来也可为家里带来渔获，改善饮食。所用渔网主要有两种，一种是拦网（见图 5-141），另一种是盖网（见图 5-142）。

5-140◆平岩

[$k^hɔk^{22}pa^{44}$] “捞鱼”

用捞绞（见图 5-149）或竹捞绞（见图 5-150）在稻田里或小溪里捕捞鱼虾。在稻田里捕捞多用竹捞绞，在溪流中捕捞则多用捞绞。

5-143◆高定

[$je^{13}kam^{53}$] “盖网”

以抡撒方式捕鱼的渔网，由网身、底脚、牵绳三部分组成。网身呈圆锥形，有两米多高，底口大，往上收于顶部，上接筷子粗细的牵绳。底脚栓铅坠。抡网时身体侧转，左手向外画弧，右手轻带，使网口成圆形入水，如同扣盖子，故名。

5-142◆平岩

[$je^{13}tat^{44}$] “拦网”

侗语意为“截网”，用来将鱼堵截在一定范围内然后围捕的一种渔网。由网身、底脚、浮漂和提绳四部分组成。网身高矮和网眼大小都可根据需要编织。有时利用傍晚时段在河里水缓处放拦网，次日清晨收网取鱼。

5-141◆平岩

5-144◆车寨

[lɔ^{44}pa^{44}]“**渔船**”

用来捕鱼的木船。有的设有船篷，用于遮蔽日光和风雨，也可居住。

[tam^{44}pa^{44}]“**鱼塘**”

专门用来养鱼的池塘或田块。鱼塘一般离住房不远，有的就在住房旁边，方便饲养和日常管理。传统上稻田养的鱼苗主要来自人工孵化，这离不开种鱼的日常管理，屯养便是其中一个环节。种鱼一般饲养在鱼塘里，三年后便可用来繁殖鱼苗。侗族地区几乎家家户户都有鱼塘。

5-145◆高定

5-146◆高定

5-147◆平岩

[ka:ŋ³¹pa⁴⁴] **“鱼棚”**

设置于鱼塘中央最深处的方形小棚子。用四根顶部有枝丫的木桩支撑，便于搭架封盖。棚顶一般高出水面一两尺，可供鱼儿遮阴，也是鱼儿遇到天敌或危险时的藏身之所。

[va:ŋ²²pa⁴⁴] **“鱼窝”**

在一块稻田里分隔出来的方形或椭圆形的“小隔间”。通常设在稻田靠里边的位置，方便日常管理。设有出入口与外面的稻田相连，一般比稻田要深一两尺，当稻田水干涸或变浅时鱼窝依然有比较深的水，供鱼儿过冬或躲避危险。鱼窝里也常搭建简易的棚子或放置一些竹枝或树枝，防范鱼儿受到家禽、野猫等侵害。鱼窝也是鱼儿交尾产卵的育池。

[jip²²] **“鱼栅栏”**

用竹篾或木条编制的小栅栏。也有的直接代以废旧的箩、筐等竹器。设于稻田或鱼塘出入水口处，防止鱼儿顺水逃走。

5-148◆平岩

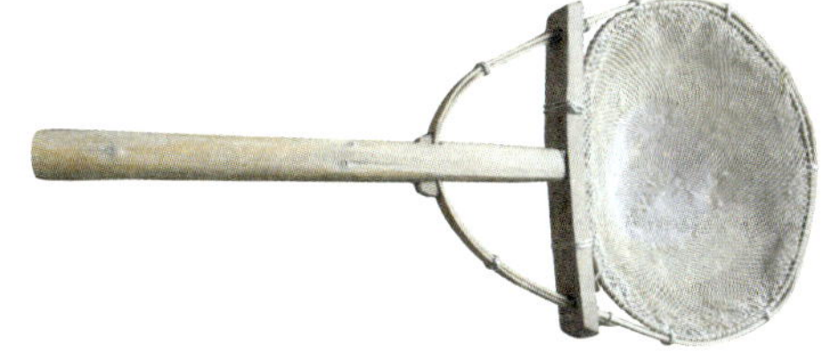

5-149◆高秀

[jeu²²] **“捞绞”**

以舀取方式捕捞鱼虾的抄网，由网囊、框架和手柄组成。网囊多用苎麻绳编织，大小深浅等有所变化。框架为圆形或椭圆形。

5-150◆高定

[tʰaːŋ^{353}] “竹捞绞”

稻田里捞鱼用的三角形敞口竹编抄网。以双手推移的方式捕捞。

[pən^{11}la^{11}] “鱼盆”

装鱼用的木盆。盆口沿有对称的四只木耳，可系提绳，便于肩挑。盆口比盆底略小，多用来挑运鱼苗走村串寨售卖。

5-155◆高友

[pʰiu^{13}jɔ^{11}] “鱼篓”

侗语意为“稀腰篓”，是一种篓身孔眼稀疏的竹编腰篓。主要用来装鱼等。圆口，盖子上有漏斗状入口，防止鱼儿或青蛙沿着入口钻出外逃。

5-151◆丹洲

5-152◆平流

5-153◆牙林

[jin^{322}] “鱼笼”

口部大尾部小的捕鱼用喇叭形竹笼。长短大小不等，依需要而定，竹盖可拆卸。笼口为喇叭形，有一个向内逐渐收缩的漏斗状竹盖，供鱼儿钻入笼里。在春天下雨河水涨水时安装在溪流里的适当位置，笼口朝向下游，尾部朝向上游，鱼儿会顺着水流钻入笼子里出不来，将笼子抬起即有渔获。

[tɕaːu^{11}pa^{44}] “鱼提笼”

装鱼用竹编提笼。稻田里捕鱼时置于水里，将捕获的鱼儿放入提笼里圈着，保持鱼儿鲜活。将鱼从田里提回家，或从一块稻田移入另一块稻田的过程中，每隔一定时间就将提笼浸入水里一段时间，避免鱼儿因长时间运送而缺氧死亡。稻田里刚捕获鱼儿亦可装入笼里提到溪河或沟渠的清水里浸泡一阵，待鱼儿把泥吐干净再食用。

[ɬuaːn^{22}] “泥鳅笼”

专用来捕泥鳅和黄鳝的鱼雷形小竹笼。笼口为喇叭形，向内收缩，泥鳅或黄鳝钻入后出不来。

5-154◆高定

[ɬaːŋ^{322}tun^{53}ȵan^{11}] “银匠”

制作银饰品或银器的工匠。银匠的传统工具有风箱、小铁砧、火钳、铁锤、钢钻、拉丝架、熔银缸以及各种花草动物模型。他们谙熟验银、熔银、锻银、焊银、雕刻银、钻银、洗银、煮银等工艺流程。以前交通不便，银匠都是挑着担子走村串寨为人们打制银器，在一个村子要住上数天甚至一两个月。现在多在集市上设固定摊位。侗族银匠多为祖传，也有师传者。

5-156◆独峒

5-159◆平流

[tɛ^{53}q^{h}uaːu^{22}] **“酒甑”**

专门用来烤制米酒或烧酒的无底圆柱形木桶。大多数是底大口小，略成喇叭状。中下部设有收集酒液的接酒槽，槽口伸出甑外将酒液导入酒瓮中。烤酒时将发酵好的带有酒糟的酒水盛入煮酒锅里，扣上酒甑，顶部置一冷却用炒锅，俗名天锅（相对于下方的煮酒锅而言），内放冷水。烧开煮酒锅内的酒糟和酒水，酒蒸气遇冷凝结成酒液沿天锅底落入接酒槽里。

5-157◆林溪

[pen^{22}q^{h}uaːu^{22}] **“酒曲”**

用来酿酒的一种原料，黄褐色小颗粒状。稻米蒸熟后凉至常温，以适量酒曲拌匀后装坛密封发酵一段时间即可得到带有酒糟的酒水。

[taːu^{44}q^{h}uaːu^{22}] **“煮酒锅”**

用来煮酒的敞口大铁锅。较一般的锅厚实，不然锅中的酒糟容易烧煳，烧制出来的酒带有一股焦煳味。

5-158◆平流

5-160◆布央

[pɔŋ^{11}ɕɛu^{44}q^{h}uaːu^{22}] “酿酒棚”

为酿酒而搭建的简易木棚。内设灶台、煮酒锅、酒甑、天锅、酒瓮等蒸饭、煮酒和盛酒器具，以及摊晾和拌匀米饭的大簸箕或木板。

[tɔŋ^{11}q^{h}uaːu^{22}] “酒筒”

用竹筒制作的装酒盛器。选取一节竹筒，在上端的竹节上钻个孔，灌酒进去后用木塞子封口即可。多用毛竹制成，坚韧，不易开裂，装的酒也有一股特别的竹香味。

[taːu^{44}kaːŋ^{44}ɕe^{11}] “炒茶锅”

炒制茶叶的专用厚铁锅。设有电子温度调节器。用于茶叶杀青。铁锅通电加热，将鲜茶叶放在锅里用手反复翻炒，将茶叶的部分水分除去。

5-161◆平流

5-162◆布央

中国移动

陆·日常活动

侗族民风淳朴，多群居，民间往来十分频繁，由此也形成了许多饶有趣味的交往习俗和礼仪。

侗族热情好客，亲戚朋友或邻里之间都十分注重酒席习俗和礼尚往来，婚嫁、添丁、寿诞、丧葬、建房、乔迁等活动，无一不以酒设宴待客。侗族招待客人有茶三酒四的习俗，即油茶要连吃三碗，酒要连敬四杯。敬酒有唱敬酒歌和 [va:n^{322}q^{h}ua:u^{22}] “换酒” 习俗。

民间娱乐活动或游戏有拔河、斗牛、斗鸟、摔跤、翻绳、拾石子、拍洋画、推铁环、打陀螺、打水漂、跳绳、踢毽子、跳房子、捉迷藏等。民间乐器有芦笙、琵琶、果吉、侗笛等，引进乐器有箫、笛、胡琴、唢呐、锣、鼓等。芦笙依据大小不同，分为高大芦笙、次高芦笙、六号芦笙、五号芦笙、小芦笙等。每逢节庆或农闲时都要取下芦笙吹奏，村寨间经常有吹芦笙的比赛，称为赛芦笙。民间舞蹈以多耶舞、芦笙舞最为出名。斗牛是人们钟爱的主要娱乐方式，也是村寨社交的活动形式。用专门饲养的水牛进行角斗，届时旌旗林立，锣鼓喧天，人山人海、热闹非凡。

侗族传统社会组织层次分明，管理制度完备，社会组织分村寨组织和款组织两大层次，相应的管理形式有族规管理和款约管理。

村寨组织是村寨内部的组织，主要有族长和寨老两种组织制度。寨老为村寨的自然头领，主要维护地方社会治安和风俗习惯、解决村民纠纷、兴办公益事业、组织群众活动等。款组织是一种以地域为纽带的民间社会组织形式，具有地缘性。款按辖区由小到大分为小款、中款、大款三种组织层次，以公议的形式产生款首和规约，这些款规款约由款首或寨老、族长用侗语向款众念诵宣讲，使之家喻户晓。

侗族民间信仰是广泛存在于侗族民间的非制度化的宗教信仰形式，以自然崇拜为基础，崇拜各种神灵，可分为自然崇拜、图腾崇拜、鬼神崇拜、祖先崇拜、萨神崇拜等。所信奉的各种神灵中，以 [ɬa^{31}]“萨”（祖母）为最大，她被视为侗族的女始祖、女英雄。萨崇拜是侗族信仰文化的核心内容，但凡生产生活中的大事小事都要祈求她的保佑。侗族社会对萨神的祭祀活动最为频繁，规模也最大，有一年一小祭，三年或六七年一大祭之说。

6-1◆平流

[ta^{31}hɔ^{31}] “打平伙”

即“搭伙”，指大家聚在一起吃饭。侗乡广为流行的一种民间社交和聚会饮食形式，集吃、庆、乐为一体，无论男女老少，愿意的都可参加。有猎物平伙、凑资平伙、玩伴平伙等几种主要形式。赶山打猎所获猎物留一部分分给参与打猎的成员，余下的就用来打平伙。猎物较小的一般只请村里德高望重的老人和帮忙做饭的人或主家一起吃，猎物较大的则全村都可自行前来庆祝、分享，无须邀请。凑资平伙类似 AA 制，一般在农闲时节进行。玩伴平伙多限于玩得好的几个伙伴。若食材为狗肉、蛇肉等有家人忌口的，则要在屋外或野外煮着吃。

6-3◆高宇（守艺摄）

[tɕaːn^{44}pa^{44}q^{h}u^{53}] “吃送亲酒”

侗语意为“吃猪腿”，指结婚时新娘一方将新郎一方送来的猪腿等礼物做成菜肴宴请亲戚朋友。新娘回家时新郎家要派出几十人组成的送亲队伍，抬着猪腿，挑着酸鱼、糯米、米酒等送亲礼物，前往新娘家。

6-2◆岩脚

[tɕaːn^{44}q^{h}uaːu^{22}] “吃喜酒”

侗语意为“吃酒”，指红白喜事、生日寿庆、新居落成、喜庆乔迁、公共建筑竣工庆典等饮食活动。侗族热情好客，亲戚朋友或邻里之间都十分注重酒席习俗和礼尚往来，婚嫁、添丁、寿诞、丧葬、建房、乔迁等活动，无一不以酒设宴待客，亲戚朋友获悉也都会前来庆祝或悼念，以此维系彼此的情谊。活动不同，饮食和酒宴就有不同的内容和形式，形成丰富多样、别具特色的酒宴文化，如红白喜酒、三朝酒、满月酒、周岁酒、生日酒、节日酒、庆典酒等。

[tɕim^{55}q^{h}uaːu^{22}] “敬酒”

一种饮酒礼仪。按照侗族习俗，客人到家都要以酒相待，要给客人敬酒。敬酒时主人要先唱敬酒歌，唱罢客人先干杯，主人才陪喝。若是女主人或家里的姑娘、小孩来敬酒则无须陪喝，客人干杯即可。姑娘敬酒时往往会约上姐妹或闺蜜，两人一对或三人一群，手捧酒杯，唱着劝酒歌给客人敬酒。有些地方有茶三酒四的招待习俗，即油茶要连吃三碗，酒要连敬四杯。主人连敬四杯之后才到自由敬酒环节。敬酒时一般是男方先喝，若年龄有别则长者先喝，主客之间以客为尊，客人先喝。总之，要让客人尽兴，主人才觉得有面子。

6-4◆高定（唐汉忠摄）

6-5◆平流

[vaːn^{322}q^{h}uaːu^{22}] “换酒”

类似推杯换盏，是侗族一种特殊的敬酒方式，也是一种重要的酒桌礼仪。喝酒时主客双方左手握住对方的右手，另一只手端杯递到对方嘴边，喝多少双方商量。一般主人为了表示对客人的尊敬，要客人先喝，且一般要干杯，若客人有所保留，主人会使劲握住杯子推至客人嘴边不让放下，直至客人饮尽。为表谢意，客人也会如此。有时“换酒”双方会举着酒杯给对方唱歌，唱完饮尽之后各自拿回酒杯，歌未唱完酒未饮尽则酒杯不能放下。

[vɛ^{31}ɕe^{11}] “打油茶”

侗族传统饮食油茶的制作。打油茶大体可分三步：先备主料、后备配料、装碗敬客。先蒸糯米饭，备好油果，煮好饭豆，或炒熟猪肝、小肠、虾米等。后烧茶油、炒花生、炸阴米制米花，就着余油做茶汤：加少量生米炒至焦黄，再加适量已风干的阔叶红粗茶叶翻炒，茶叶发出香味时加适量清水煮开，滤出茶叶加适量食盐即成茶汤。最后将糯米饭、饭豆、米花、油果、花生等主食盛入碗内，加入茶汤，再放猪肝、小肠、虾米、葱花等配料。

6-6◆布央

[vɛ³¹qau³¹pɛu⁵³] **“爆米花”**

用茶油将阴米炸成香味扑鼻的炒米或米花，是打油茶的重要步骤。

6-7◆布央

[tɕaːn⁴⁴ɕe¹¹] **“吃油茶”**

侗语意为“吃茶”，指的是“吃油茶”，一般意义上的“喝茶”则要说 [tɕaːn⁴⁴nam³¹ɕe¹¹]“吃茶水”。油茶清香四溢，酥脆可口，许多人每日必吃，更有甚者一日三餐皆食用油茶。侗族地区几乎所有的节庆活动都离不开油茶，能否有油茶吃以及吃油茶的人数多少等都视为待客规格的高低。侗族吃油茶有一些习俗，譬如至少要吃三碗。装碗敬客时主人会在碗上横放一根筷子，若客人把筷子架在碗上就表明吃饱了，不然主人就会不停地添油茶。

6-8◆布央

6-9◆冠洞

[tɕaːn^{44}ɕe^{11}nɔŋ^{31}] "吃满月油茶"

侗语意为"吃宝贝油茶"。家中有新生儿满月时，家人便设宴邀请亲朋好友到家里吃饭，称为"满月茶"或"满月酒"。客人到来后先吃油茶，吃完油茶才正式开席吃饭。

6-11◆高秀

[tɕaːn^{44}jin^{44}pa^{53}] "抽旱烟"

侗语意为"吃烟叶"，指用烟斗吸自种的烟叶。所用烟斗、[hu^{11}pɛu^{44}]"烟筒子"、烟钩针、[tai^{31}jin^{44}]"旱烟袋"等大多为自制，而且比较讲究，长短、形制和材料各异，个人风格鲜明。

6-10◆平铺（杨忠平摄）

[tɕaːn^{44}ɕe^{11}maːi^{31}mai^{53}]“吃新娘油茶”

新娘在新郎家打油茶招待客人的习俗。新娘过门后在新郎家住三五夜便转回娘家，回门的前一天晚上有吃新娘油茶的习俗。当晚新娘会在火塘边打油茶，新郎的伙伴会着民族服装来喝新娘打的油茶。他们边吃油茶边说些调侃新郎新娘的话，因此又称为“闹新娘油茶”。吃新娘油茶规定每人吃三碗，吃完最后一碗时小伙子们便以红包作为给新娘的回礼。

[hu^{11}pɛu^{44}]“烟筒子”

用水牛角制成的椭圆形短筒。小巧别致，雕刻精美，挂于腰间或烟杆上，里面装烟丝、火草、烟钩针等吸烟用具。密封性好，利于烟叶、火草保持干燥。

6-12◆丹洲

[pəŋ^{31}]“火草”

用来点火抽烟的引火燃料。与火镰配合使用，相当于火柴或打火机。火草易燃又耐烧，环保易得，是理想的引火燃料，在没有火柴和打火机的时代发挥着十分重要的作用，如今侗族地区许多中老年人仍然用它来点火抽烟。

6-13◆高定

6-14◆岜团

[k^{h}ua:n^{22}tɕ^{h}a:ŋ^{31}]“款场”

指能容纳成百上千人的室外场地，用来集合款众议事、起款、讲款、执款、发款等。[k^{h}ua:n^{22}]“款”是一种以地域为纽带的村寨之间的组织，是传统侗族特有的组织。款组织有各种规约，作为共同约定把整个族群联系在一起。款场是款组织集会或活动的专门场所，有的设在村寨的鼓楼坪上，有的设在离村寨不远的比较平坦的山坡上或河坝中，鼓楼、风雨桥、廊亭等其他聚会场所也有相同或类似功能。

[qa:ŋ^{22}k^{h}ua:n^{22}]“讲款”

即讲授款规款约，是款组织的重要活动，一般在议款立约之后进行。立约之后，族长、寨老或各级款组织的款首会定期或不定期地召集款民，向其传播或讲解款规款约及其内涵。侗族历史上没有与本民族语言匹配的文字，款约的传播主要靠口头背诵和讲款。为了让民众更好地领会和遵守、传诵和记忆，款首在宣讲这些款约时就不断地增加其生动性、形象性、趣味性，使其成为一种朗朗上口、节奏感强的韵文形式——款词。

6-15◆平岩（杨忠平摄）

[ɕaːi²²tɕeu¹¹mai⁵³] “踩桥”

侗语意为“踩新桥”，类似新桥启用仪式。新桥建好后选村里八位年纪最大而且配偶尚健在的男性老人先行走过桥面，之后其他人才可以走过，新桥也正式通行。这八位老人需着盛装出席踩桥仪式。之后会在桥上摆桌，吃长桌宴庆祝。

6-17◆和里（杨忠平摄）

[tɕaːn⁴⁴jat²²] “款约”

款组织内部的规章制度或约法，是侗款这种综合文化体的核心组成部分。传统侗族社会管理采取立约在先的原则，款约至上，崇尚“合约”，主张“和治”和“法治”。款约形式有无字识约、口碑规约、碑刻规约、文本规约等。款约内容广泛丰富，分请神款、族源款、创世款、款坪款、约法款、英雄款、出征款、习俗款、祝赞款、祭祀款、送神款 11 类。这些款约涵盖侗族历史、哲学、政治、信仰、军事、经济、法律、民政、道德、教育、习俗等诸多方面，形成了一系列社会行为规范和伦理道德。图 6-16 中碑刻规约为三江侗族的《约法款》，共 18 条 756 句，分“六面阴规”“六面阳规”“六面威规”三大部分，前两者为重罪和轻罪条款，后者为一般礼仪或道德要求。

6-16◆岜团

[tɕ^{h}a^{353}pau^{44}]“赶坳”

侗语意为“上坡”，汉语译为“赶坳”“玩山”或“坡会”，是当地侗族一种传统习俗和民间歌会，也是侗族青年结识朋友、谈情说爱的方式。坳场多设在风景优美的山坳处。赶坳每次为期一天，附近村寨男女老少赶赴坳场相聚，人数多则成千上万，少则几百。来自不同村寨的男女歌队身着盛装，相互对歌，热闹非常。

6-19◆独峒

[kaːn^{31}tɕ^{h}aːŋ^{31}]“赶场”

农村地区定期聚集进行商品交易的活动形式，一般三至五天一集。三江县的独峒寨，民国初只有一条小街道，街面是用石头铺成的“花街”，后经修整，成为跨桂、湘、黔三省（区）的独峒圩场，如今每逢农历初二、初五、初八、十二、十五、十八、二十二、二十五、二十八日为圩日。赶集时当地各族群众带着农副产品到集场销售，再买回所需的一些生产生活用品。如今经济和交通较为便利，集场附近一些家庭还专门做些小买卖，有些还从事饮食、民宿等与旅游相关的行业。

6-18◆林略（守艺摄）

[q^{h}ɛu^{13}la^{11}hɛm^{31}ɕa:i^{322}]“敲锣喊寨”

传统上由专人定期巡寨提醒村民注意防火的习俗，如今不少村寨依旧沿袭。巡寨人一般由身体健康、责任心强的老年男性担任，每天早晚要巡寨两次。巡寨时每隔一定距离就要敲锣两声引起村民注意，然后再高喊 [jeŋ^{11}vai^{44}la:i^{44}pəi^{31}ɬa:i^{44}la:m^{11}ʔo^{44}]“小心火烛，请记心中”。若有什么临时事务需要全村人知悉也以敲锣喊寨的方式通知。

6-20◆平岩

二 娱乐

6-24◆高秀（杨忠平摄）

[ɕin^{44}ləp^{44}] “捉迷藏”

侗语意为“互藏”，是一种深受小孩喜爱的游戏。几个人按照规则躲起来，让一人寻找。

[q^{h}ɛu^{13}p^{h}aːi^{11}tɕeu^{53}] “打牌九”

一种民间牌类娱乐活动。牌九是用木、骨等制成的牌具，牌九由骰子演变而来，但其构成更复杂，其基本玩法就是以点数大小分胜负。打牌九在侗族地区较为流行，多受中老年男子欢迎。

[q^{h}ɛu^{13}sɿ^{44}p^{h}aːi^{11}] “打字牌”

一种流行较广的棋牌类游戏。玩法与麻将类似，但比麻将更加便捷，变化多样，深受中老年男性欢迎。

6-22◆高秀

6-23◆高秀

6-21◆干冲

[ɕa^{44}ɕi^{11}ɬaːm^{44}] “下三子棋”

侗乡民间最普遍的一种棋类娱乐活动，又叫“九宫棋”“一条龙”等。棋盘为三个大中小依次套叠的正方形，再加四个角连线和各边中点连线组合而成。下法分布子和行子两个阶段。双方先把手中的 24 枚棋子布完，接着行子。行子时每次只能走一步，进退都无限制。吃子的一个基本原则是走棋时一方的三子连成一直线时即可吃掉对方一子，民间叫“三”，三子棋由此得名。布子和行子时将对方棋子围住不能再动即为“围死”。一方将对方棋子“围死”或吃完即为胜。

[pa^{11}hɔ^{11}] “拔河”

一种民间广为流行的由双方各执绳索一端进行角力的传统体育活动。

6-25◆高秀（杨忠平摄）

[$\text{çin}^{44}\text{pɛk}^{11}\text{lak}^{31}$] **“摔跤”**

侗语意为“互摔勒”，得名于其独特的摔跤方式。双方选手各拿一根青布带缠绕在对手腹部，布带两头置于对手两侧腰上，双手抓牢，然后相互角力，将对手摔倒在地为胜。摔跤盛

6-26◆梅林（唐汉忠摄）

行于梅林乡等榕江一带，是当地一项重要的民间体育运动和娱乐活动，每年定期举行摔跤比赛，深受当地侗族和其他民族广大群众的喜爱，已成为当地少数民族传统文化的一部分。

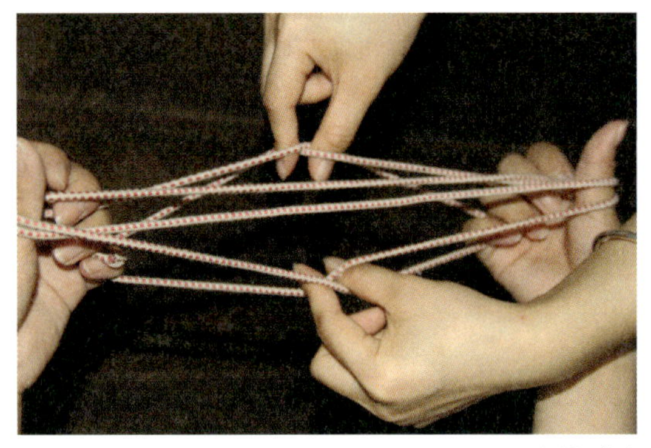

6-27◆布央

6-28◆平岩

[vɛ^{31}qau^{44}pa^{44}ȵa^{31}] **"翻绳变花样"**

一种利用绳子来变花样的传统儿童游戏。用一根绳子结成绳套，一人以手指编成一种花样，另一人用手指接过来，翻成另一种花样，相互交替编翻，直到一方不能再编翻下去为止。

[vɛ^{31}pia^{44}p^{h}uaːn^{11}] **"拾石子"**

一种传统儿童游戏。将数十颗小石子抛撒于地上，然后单手持一颗垂直抛起，同时去拾取地上的一颗或几颗石子，并在抛起的那颗下落时将其接住。拾取的石子多者为胜。若抛起的石子落地，则轮到下一人。

[tɕaːu^{13}ɕən^{11}] **"跳绳"**

一人或众人在一根环摆的绳中做各种跳跃动作的游戏。跳绳所需装备十分简单，只需一根绳子便可，所需场地也不大，参与人数不限，可单独一人或多人进行，深受孩子喜爱。

6-31◆平流

[vɛ^{31}pia^{44}tɕin^{44}tɕaːŋ^{22}] **“打水漂”**

直译为汉语是“做石块跨步”。用力将扁圆石片甩出，石片擦着水面向前弹跳飞行，直至沉入水里。游戏有两种规则：一是比石片弹跳飞行的距离，二是比石片弹跳的次数。侗语 [vɛ^{31}pia^{44}tɕin^{44}tɕaːŋ^{22}]“做石块跨步”这一说法还有另一层意思：“铺石头过河”，即一边铺石块，一边踩着石块过河。

6-30◆林溪

[piak^{44}hu^{11}] **“打陀螺”**

侗族民间男子喜爱的一种体育活动。陀螺由坚硬的木头削成。以陀螺在地面上旋转的时间长短决出胜负。有时也让两个旋转的陀螺相互撞击，先倒下者为输。

6-29◆岩脚（杨忠平摄）

6-32◆净代（杨忠平摄）

[vɛ^{31}jaːn^{11}]“过家家”

侗语意为“做房子”。儿童模仿成人生产生活的游戏，一人或几人都可进行。常见的形式有“煮饭菜”“起房子”“带娃娃”等。

[nɔk^{11}ɕin^{44}ket^{31}]“斗鸟”

侗语意为“鸟相抓”，以鸟相斗，是传统上侗族男子喜爱的一种民间娱乐和休闲方式。有隔笼相斗和滚笼相斗两种方式。前者是两只鸟隔着笼子争斗，后者是将两只鸟放入一个大鸟笼里争斗。

6-33◆洋溪（杨忠平摄）

6-34◆平流

[vai^{11}ɕin^{44}taːu^{22}] “斗牛”

侗语意为“牛相抵”，让公水牛相互打斗。侗族地区有着悠久的斗牛文化，三江独峒一带的农历八月十五斗牛节就远近闻名。节日当天十里八乡的牛主会拉上自家的公牛来到岜团桥下的河边会战，一决高下。公牛打斗激烈，围观者人山人海，热闹非凡。如今斗牛活动已经演变为一种商业娱乐项目，为了保护公牛，若两头公牛打斗一定时间后还未分出胜负，就会有牛仔队下去套牛脚将牛拉开。传统上犁田耙田离不开水牛，斗牛主要是为了挑选出最强壮的公水牛作为种牛。

[t^{h}aːn^{11}kuŋ^{322}] “弹弓”

一种游戏工具。一般用树木的枝丫制作，呈“丫”字形，两边枝丫头上系上皮筋，皮筋中段系上一包裹弹丸的皮块。射击威力取决于皮筋的拉力，拉力越大，弹弓的威力也越大。传统上主要用来驱赶偷食谷物的鸟雀或老鼠。为汉语借词。

6-35◆程阳

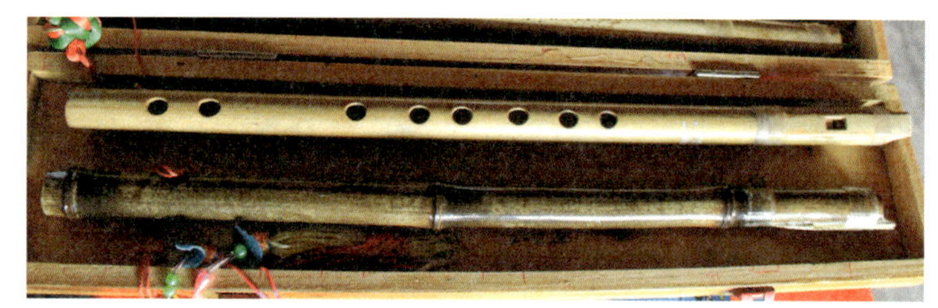

6-36◆高定

[tɕek^{31}kam^{44}] "侗笛"

侗族独特的乐器。竹制品，管身开有音孔，吹口装有簧片，音色清丽悠扬，既可表现婉转抒情的情调，又可奏出热烈欢腾的旋律。常在游寨时吹奏，没有专门的乐曲，多为即兴发挥。

6-37◆高定

6-40◆高定

[jen^{13}] "二胡"

传统拉弦乐器。由琴筒、琴杆、琴轴、琴弦、琴弓、千斤、琴托等部分组成。琴筒是二胡的共鸣筒，一般用乌木、红木制成。琴筒前口的皮叫琴皮，是二胡发声的重要装置。琴弓由弓杆和弓毛构成，用以摩擦琴弦发声。二胡为外来乐器，近一百年才进入三江域内。

6-38◆平流

[pi^{11}pa^{11}kam^{44}]“侗族琵琶”

弦鸣乐器。多由梓木、梧桐或杉木整木制成，有琴头、琴杆、弦轴、共鸣箱和琴弦等部件。弦四根，整体形状类似汉族的三弦。弹奏时左手持琴按弦，右手持拨片弹奏。琵琶形制多种多样，可分大、中、小三种。大、中琵琶的音色柔和低沉，多伴奏叙事歌或说唱，小琵琶音色铿锵，多为青年男女坐夜时弹唱抒情短歌。

6-39◆高定

6-42◆平岩

[kuŋ^{44}] **“鼓”**

一种打击乐器，以木杵敲击发声。鼓不仅是一种乐器，还是传统侗族村寨的重器，遇外敌入侵等重要险情就击鼓鸣示。最初鼓多置于鼓楼内，鼓楼因此得名。如今鼓主要用于侗戏伴奏，或为斗牛助威，其作为重器的功能已退出历史舞台。

[tɔ^{22}je^{322}] **“多耶舞”**

侗族一种集体歌舞形式。“耶”指清唱，无乐器伴奏。众人手拉手或手搭肩围成圆圈，由一人领唱众人合唱，边绕边唱，边唱边舞，边甩手为拍。所唱内容多为传统歌词，赞颂女始祖萨玛的功德，祈求萨神保佑。唱词中穿插有“呀啰耶”等衬词衬句。整个歌舞热情洋溢，歌声嘹亮。多耶舞人数不限，动作简单，多在祭祀或集会时进行。

6-44◆知了

6-45◆高友

[t^{h}aːi^{11}çi^{44}] “戏台”

侗族村落的公共木构建筑之一。戏台分设前台和后台，中间以木板分隔。戏台两侧加厢房或于后台一侧加偏房，内设火塘，既作为演出时戏台的辅助用房，也是人们平日休息谈天的场所。戏台一般建在寨子的中央，与鼓楼、鼓楼坪一起构成文化娱乐中心，逢年过节，举寨男女老少就齐聚戏台前唱侗歌、跳多耶舞、演侗戏、吹芦笙。

6-41◆平铺

[toŋ^{21}la^{11}] “锣”

金属类打击乐器。用铜制成，结构比较简单，锣身呈一圆形弧面，四周以边框固定，用木槌敲击锣身发声。主要用于巡寨时击锣警示，也用于侗戏演出时敲打。为引进乐器，名称当来自汉语借词“铜锣”。

[ɬɛu^{44}] “唢呐”

双簧木管乐器。管身木制，呈圆锥形，上端装有带哨子的铜管，下端套着一个铜制的喇叭口。唢呐声音高亢、嘹亮，多在庙会、葬礼等场合吹奏。为引进乐器。

6-43◆和里（守艺摄）

6-47◆平流

[qan^{11}] “芦笙”

具有浓郁特色的侗族传统气鸣乐器，各地侗语有 [qan^{11}]、[lan^{11}]、[nan^{11}] 等不同称说。有不同的型号和种类，有五笙一筒之分，一起组成一支芦笙队。五笙为 [qan^{11}laːu^{31}]“高大芦笙”、[qan^{11}lau^{53}]“次高芦笙”、[qan^{11}liɔk^{22}]“六号芦笙”、[qan^{11}ŋɔ^{31}]“五号芦笙”和 [qan^{11}let^{22}]“小芦笙”。一筒为 [tɔŋ^{11}p^{h}u^{22}]“芒筒”。一支芦笙队的基本组成为“高大芦笙”1 把，“次高芦笙”3 把，“六号芦笙”6 把，“五号芦笙”4 把，“小芦笙”2 把，“芒筒”1 个（也可不用）。图 6-47 中为“高大芦笙”，乃最高最大者，吹奏时有支架固定于地上，其笙管高，声音浑厚洪亮，犹如铜鼓，有较强的穿透力，为特大号低音芦笙。

[ɕi^{44}kam^{44}] “侗戏”

以侗族说唱艺术为基础创作的用侗语道白和演唱的戏剧形式。传统侗戏的表演简单朴实，但道白和唱词风趣幽默、通俗易懂，广受侗族群众喜爱。三江侗戏剧目繁多，内容丰富，有根据侗族民间故事改编，有选用其他地方剧本改编，更有侗族人从劳动、生活中提炼创作的侗戏剧本。侗戏源自贵州，清末民初传入广西三江，演变出有其地域特色的三江侗戏，成为民族戏剧艺术瑰宝之一。

6-46◆良口（杨忠平摄）

6-48◆马胖

6-49◆平流

[qan¹¹lau⁵³] “次高芦笙”

比高大芦笙略为矮小，吹奏时也多用支架固定在地上。为大号低音芦笙。

[qan¹¹liɔk²²] “六号芦笙”

高 1.5 米左右，手持摆动吹奏，与五号芦笙配合使用。为中号中音芦笙。

6-52◆平流

[tɔŋ^{11}p^{h}u^{22}] **“芒筒”**

单簧气鸣乐器。笙管只有一支，置于一个大竹筒里作为共鸣筒。通高 1.2 至 1.5 米，较为笨重，通常一端抵于地上吹奏，故又称“地筒”。因其特有的低音能给芦笙曲增添厚重感，故常与芦笙搭配，是芦笙队的重要一员。

6-51◆平流

6-50◆平流

[qan^{11}ŋɔ^{31}] **“五号芦笙”**

高 1.2 米左右，较六号芦笙稍小，手持摆动吹奏。为小号中音芦笙。

[qan^{11}let^{22}] **“小芦笙”**

高四五十至七八十厘米，笙管末端常插有白鹇尾羽做装饰。为高音芦笙，其音色带有金属声，穿透力强，音质纤细绵长，可用来吹奏主旋律。主要用于指挥、引领整支芦笙队。

三 信奉

[ɕən^{31}lin^{11}] **“神灵”**

侗族民间信仰所崇拜和供奉的各路神鬼。传统上侗族民间信奉万物有灵，在村寨外或路边垒土祭祀各种神灵，或在风雨桥、庙宇等处设专门的牌位供奉各种神灵。

6-53◆布央

6-54◆布央

[$p^{h}u^{31}$ɬa^{22}] **"菩萨"**

侗族民间信仰所崇拜的神佛偶像和神仙。侗族地区亦信奉佛教和道教，不过这种信仰多基于自己的理解和需求，以求得生活的安宁和心理慰藉。因此，民间对佛、弥勒、观音、罗汉等亦有供奉。

[t^{h}a:i^{31}ɕə$n^{31}p^{h}u^{31}$ɬa^{22}] **"财神"**

为汉语借词"财神菩萨"。民间供奉的司管财富的神灵。

[mən^{31}ɕən^{31}] **"门神"**

司门守卫之神，多为贴于或作于门上的神灵画像。民间认为可以驱邪避鬼、守卫家宅、保佑平安等，是深受人们欢迎的守护神。

6-57◆平流

6-56◆平流

6-55◆布央

6-58◆布央

[tʰaːu^{11}təi^{322}]“土地神”

侗族民间信仰中掌管和守护某个地方的神灵。土地神得到侗族民间的特别供奉，但凡造屋、修路等需要动土时就必须祭土，认为土地神能保佑地方安宁，人畜兴旺。几乎每个村寨都在寨边路口处或村寨的风水林里建大小不同、形制不一的土地神庙供人们四季敬供。

[mai^{31}tɕum^{53}]“寨树”

民间信仰中的神树。侗族有“古树管村，老人掌寨”之说，将村头寨尾的参天古树视为神灵，称之为“风水树”，禁止砍伐。这些树多为树龄较长的原生常绿乔木，樟树尤多。每逢年节人们都要到树下烧香进贡，祈求神树安寨护民。人们认为村边古树亦能保佑孩童健康成长，每逢正月父母便提着香纸和供品到树下供奉。

[meu^{322}]“庙”

旧时供奉神佛或历史上有名人物的处所。侗族地区信奉龙王、飞山神、三王神、关云长、岳飞等神。三江侗族地区常见的庙宇有飞山宫、三王庙、关帝庙、武穆庙（岳飞庙）。除了建庙宇，在各地风雨桥的桥廊上都设有关、岳二神的神位，供人们祭祀。

6-59◆布央

6-61◆梅林（唐汉忠摄）

[tau^{53}ɬa^{31}] “祭萨”

祭祀神灵的仪式。侗族信奉多种神灵，其中以“萨”（祖母）为最大，被视为侗族的女始祖。萨崇拜是侗族信仰文化的核心内容，生产生活中的大事小事都要祈求萨的保佑。新建村寨必先安萨堂或萨坛。安萨堂仪式后家家户户从萨堂引火种回家，点燃各家火塘。萨堂或萨坛分露天和屋宇两种，前者多位于僻静之处，后者多建在村寨中心。萨坛安排专人看管，定期给萨神上香敬茶，平时不让人随便进入。侗族社会对萨神的祭祀活动最为频繁，规模也最大，有一年一小祭，三年或六七年一大祭之说。通常每年农历正月初一、十五或其他节庆都要举行小规模祭祀，如普通祭、出行祭、唱歌多耶祭等，三月三的祭祀规模较大。祭萨神时常由有威望的妇女主持。[tau^{53}ɬa^{31}] 一词已扩展为祭拜多路神仙、神灵和祖先等各种祭祀仪式。

6-63◆平流

[naŋ^{11}ȵa^{44}nam^{31}] “看风水”

侗语意为“看江水”。又称 [naŋ^{11}tɕin^{11}tɕi^{322}] “看山场”。侗族民间在庙宇、住宅、村落、墓地的选址、坐向、建设等活动方面都有讲究，要选择合适的地址、地形、方位或朝向，祈求吉祥平安。

6-62◆和里

[teŋ^{11}ɕa^{322}] “祠堂”

生活在一个或几个村寨的同一个姓氏的族人祭祖的场所，一般分宗祠和家祠。三江和里等地还有按姓氏建家祠祭祖的现象。除了作为祭祖场所，祠堂有时还是处理宗族内部事务的地方。

6-60◆平流

[ɕən^{11}jaːŋ^{13}] “神龛”

堂屋正面墙壁上放置神仙塑像和祖宗灵牌的小木阁。神龛大小规格不一，依祠庙厅堂宽狭和神灵的多少而定。大的神龛均有底座，上置神位和香炉。

6-66◆高定

[pa^{31}kua^{44}] “八卦镜”

悬挂在屋檐墙壁上或门楣上的风水器具。有八卦凸镜、八卦凹镜和太极八卦镜等几种。

6-67◆平流

[ɬa:ŋ^{44}hu^{11}va:ŋ^{22}] “菖蒲”

端午节悬挂的植物。端午节当天将菖蒲叶、艾蒿等几种植物捆在一起并悬挂于大门上，民间认为这些草药具有驱邪避虫的作用。

[toŋ^{21}ɬen^{11}] “铜钱护身符”

挂于脖子上用以护身的铜钱。铜钱能辟邪之说民间广为流行，将铜钱系挂在孩子脖子上，认为可以辟邪保安康。

6-64◆平岩

[tai^{322}ʔəm^{22}] “药符”

侗语意为“药袋”。将某些草药用布块包好后挂于孩子脖子上作为护身符，据说可以辟邪保安康。

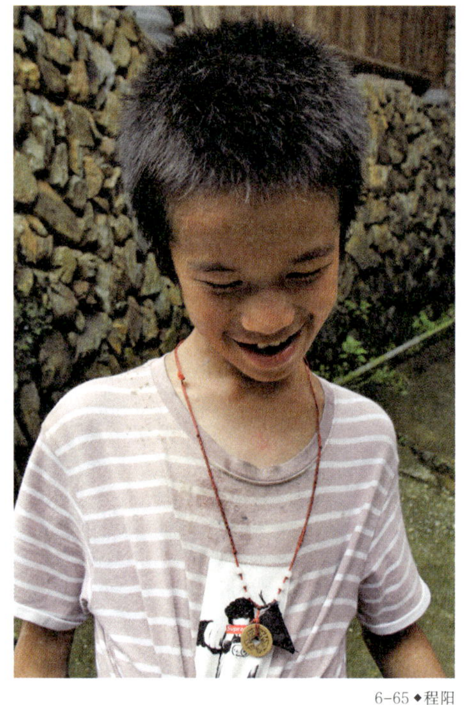

6-65◆程阳

[t^{h}ai^{353}p^{h}aːi^{11}laːk^{31}ʔun^{22}nɛ^{22}jaːn^{44}] “小儿夜哭牌”

幼儿夜哭不安时，按照传统以符语写牌并插在路口巷尾等行人来往之处，以祈求平安的木牌。上书“天青地绿，小儿夜哭，君子念过，从晚睡到日出”等符语让幼儿安稳睡觉。据说念符语的人越多就越灵验。

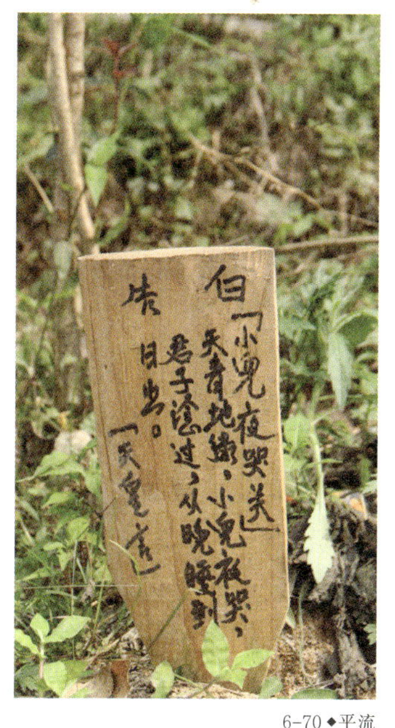
6-70◆平流

[tɔ^{22}qut^{22}] “插草标”

侗族地区一种将白茅草打个结系于枝干上的习俗，主要起声明所有权和警示等作用。如在林子里看到一些干柴上打有草标，说明已有人认领。若鱼塘边插上草标，说明塘里的鱼可能处于繁殖期或有小鱼苗，不能放鸭子入塘。类似地，树上的草标表明不能吃果子或不能砍伐树木，田边插有草标表明草不能割，等等。

[t^{h}ai^{353}pai^{22}t^{h}aːŋ^{31}jaːn^{11}] “挡屋石碑”

立于宅门外或街口巷冲的小石碑，上刻“泰山石敢当”等字样，认为可以镇压一切不祥之邪。当有岔路对着房屋时，需立石碑。

6-69◆平岩

6-68◆高定

柒·婚育丧葬

恋爱自由是侗族婚育文化的一个显著特点。恋爱方式多种多样，不同地区恋爱习俗也不尽相同。特色在于以歌为媒，以歌传情，以歌缔爱。侗家人人会唱歌，侗乡处处有歌声，事事与歌紧密相连，男女恋爱更是离不开唱歌对歌。

“行歌坐夜”是侗族男女青年恋爱的主要方式之一，活动多在室内进行。夏天就在走廊里或木楼外“行歌”，冬天在火塘边“坐夜”。小伙子们手抱琵琶，弹唱琵琶歌，姑娘们则一边纺纱刺绣，一边与后生们对唱情歌。侗族男女青年就在这种“行歌坐夜”的活动中加深了解、增进感情，直至情投意合，进而谈婚论嫁。

侗族恋爱活动多以群体形式进行，“月地瓦”便是集中体现。“月地瓦”侗语意为“种公地”，即青年男女集体邀约去种植一些公共的山地，主要种植薯类、豆类、瓜类等旱地作物。时间一般从农历三月三开始至八月十五结束，其中三月三是邀约并确定人数的时间，四月初八是挖地播种的日子，五月至七月是中耕护理期，八月十五是收获的日子。其间每一次种植活动青年男女都集体相邀参加。这种活动融劳动、娱乐和社交于一体，持续时间长，参加人数多，为村寨之间的青年男女提供共同劳动、增进感情和谈情说爱的机会，是侗族一种古老而又富有特色的婚恋习俗。

侗族实行一夫一妻的婚配制度。传统婚姻一般要经过提亲、说合、订婚、送礼、接亲、回门、落夫家等过程。婚后女子“不落夫家”，直至怀孕才正式定居夫家。婚后男女依然允许“行歌坐夜”。侗家人会为出嫁的女儿准备丰厚的嫁妆，如衣箱、衣桶、织布机、纺纱机、床架、棉被、首饰等。出嫁时有梳头、盘头插簪、戴项圈、着嫁衣、穿百褶裙、穿翘头鞋等程序。

侗族妇女有坐月子的习俗，一般产后要居家休息一个月。侗家人如有新生儿降生，第二天要派专人到外婆家报喜。庆祝第一胎子女出生的三朝酒，是侗族的人生大礼之一。三朝酒多数在孩子出生后第三至十五天内，择一奇数日子办酒席为新生儿庆生。其他人生礼仪还有满月酒、成年礼等。

丧葬方面，侗族有报丧、洁身、入棺、守灵、吊丧、出殡、下葬等一套程序和礼仪。有老人的家庭一般会早早给老人备下寿棺和寿衣。入棺后一般停放两三天，让亲朋前来吊丧。亲朋临堂祭奠一般都会送来肉、米、酒等祭品。停丧期间子女要守灵，亲朋也都陪同熬更守夜，子孙一律禁食荤菜和米酒。侗族传统上有停棺待葬的习俗，如今一些地方还保留此俗。若认为死不逢吉年，入棺后移到村外，架在木架上，用杉木皮或草席盖上，以避风雨。待逢吉年时再入土安葬。

一 婚事

7-4◆平岩（杨忠平摄）

[tan^{22}q^{h}uk^{22}ɬaŋ^{11}] “穿套层上衣”

套层上衣是传统的侗族嫁衣，纯手工缝制而成，精美亮丽，平时精心护理，结婚时才穿。穿好套层上衣后还要系腰带。下半身要穿搭百褶裙，系绑腿。

7-3◆平岩（杨忠平摄）

[tan^{22}q^{h}ɛn^{13}qɔ^{11}] “戴项圈”

新娘梳妆中另一个必不可少的环节。一套完整的项圈包括块状项圈、扭纹项圈和串圈项圈等。新娘佩戴银饰以多为美，以重为贵，全套银饰少则几斤，多则十几二十斤，叮当作响，银光闪闪。

7-1◆老巴（杨忠平摄）

[k^{h}e^{13}ka:u^{22}] “梳头”

侗族女子出嫁前要精心梳妆打扮，包含梳头、盘头插簪、戴项圈、着嫁衣、穿百褶裙、穿翘头鞋等程序。梳头盘发挽髻是结婚的标志，一般由母亲或房族长辈妇女亲自来梳。侗语有俗语“梳头光亮盘发髻，要离夫君却不易”，比喻结婚容易分手难，要慎重对待婚事。

[vɛ^{31}tɕɔt^{22}tan^{22}k^{h}e^{13}ȵan^{11}] “盘头插簪”

梳完头后便为新娘盘头扎发髻并插银簪银梳，佩戴银冠。侗族女子婚前多扎单辫，或用红毛绳扎盘于头侧，额前留齐眉刘海，出嫁或婚后则改辫为髻，改刘海为鬓垂于耳际，包头帕或围长巾。

7-2◆老巴（杨忠平摄）

7-9◆平铺（杨忠平摄）

[maːi^{31}mai^{53}laːu^{22}jaːn^{11}]“新娘进门”

新娘按选好的吉时进新郎家门，一般在夜间。进门时新郎及其家人需回避，俗称“躲热面”，以防日后不好相处。新娘进门后，坐在火塘边的新凳上，由一位德高望重的老人念新婚词，祝福新婚夫妇。

7-6◆平岩（杨忠平摄）

[ɬep^{22}maːi^{31}mai^{53}]“接亲”

请媒婆选好吉日去接新娘。一般由新郎的两个房族兄弟去接。大多选在半夜去。

[tan^{22}haːi^{11}kaːu^{22}qau^{44}]“穿翘头鞋”

新娘盛装打扮的最后一个环节。翘头鞋分“满帮”“跟花”“半帮”三种。整个帮面绣花纹的称为“满帮”，为新娘所穿款式。有些地方是穿绣花布鞋。

7-5◆富禄（杨忠平摄）

7-7◆高秀（杨忠平摄）

[la:k^{31}ɬa:u^{31}mai^{53}ma:i^{31}mai^{53}]“新郎新娘”

传统侗族婚礼新郎新娘要着民族盛装。新娘要着手工缝制的侗族嫁衣，刺绣精美，为母亲提前好几年亲手缝制。相较于新娘的盛装，新郎的盛装较为简单，主要有头帕和亮布上衣。

[pa:n^{31}ma:i^{31}]“伴娘”

一般为新娘的房族姐妹或闺蜜，要陪伴新娘到夫家赴宴走亲戚，之后还要与伴郎和同族兄弟或好友一起吃油茶、对歌。

7-8◆梅林（廖秋娜摄）

7-10◆平岩（杨忠平摄）

[ɬun^{31}q^{h}uk^{22}maːi^{31}mai^{53}]“送新娘嫁衣”

传统上新娘出嫁时间一般在晚上，新娘只穿简装出门。新娘的嫁衣和头饰等全套盛装服饰则由新娘家的房族姐妹第二天挑着送到新郎家，供新娘在婚礼上和送亲回门时穿戴。

7-14◆三江县城

[ɬum^{31}maːi^{31}mai^{53}]“新娘房”

布置颇为讲究，要由夫妻双全、有儿有女而且子女健康的妇女来铺床，男方家还要封礼包酬谢。

7-15◆三江县城

[jaːŋ^{322}mai^{53}mun^{44}mai^{53}]“龙凤被枕”

新娘结婚时用的棉被。被套图案多为鸳鸯戏水、龙凤呈祥等，寓意夫妻恩爱，白头偕老。

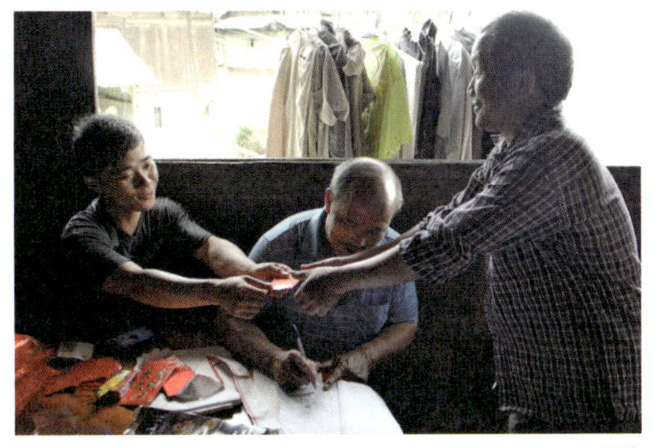

7-13◆岩脚

[tʰuaːi^{53}li^{31}]“回礼”

收取宾客的礼金后通常也会返一个红包给宾客，寓意有来有往。传统上参加婚宴不送礼金，回礼也不回红包，而是给客人回赠一串熟肉。

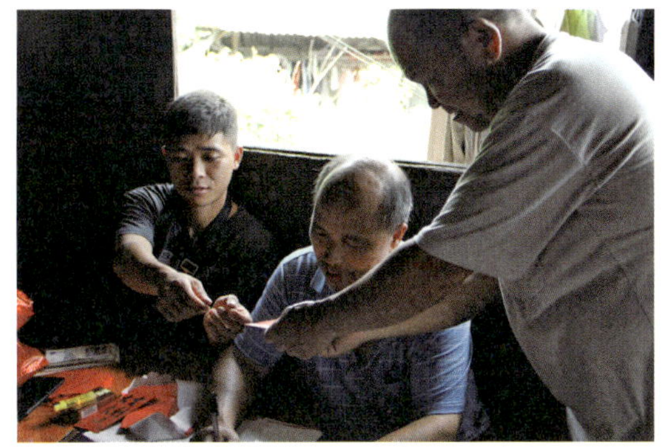

7-12◆岩脚

[tɔ^{22}hɔŋ^{44}pɛu^{44}]“打红包”

参加婚宴的宾客会准备一个红包作为礼金，主家安排专人负责收取并做好记录，便于日后回礼。传统上参加婚宴一般只送米、酸鱼、酸鸭等礼物和一块 [men^{322}]“镜屏”（见图 7-19），礼金是近二三十年的习俗。

[tɕaːn^{44}qʰuaːu^{22}maːi^{31}]“婚宴”

侗语意为“吃新娘酒”。婚礼当天，男方家设宴席款待宾客。传统上婚宴有一天的，也有三天的。三天者，第一天为“迎亲下马酒”，第二天为“家族迎亲酒”，第三天为“皇客上马酒”。随着社会的发展，现在婚宴只持续一天。宴席上新郎新娘要逐桌给客人敬酒。

7-11◆高友（杨忠平摄）

7-19◆高友

[men^{322}] “镜屏”

传统上红喜事的必备贺礼。通常为一块玻璃镜子，镜面上以红字或红纸写贺词及道贺者姓名。一般以亲友组团的形式赠送，如女婿一辈、舅舅一族、三五挚友等，单人赠送的不多见。

7-16◆布央

[lɔŋ^{31}] “木箱”

也叫 [lɔŋ^{31}ɕaːŋ^{44}]。方形大木箱子，用来盛装衣物，防潮防虫，是新娘的传统嫁妆之一。

[haːi^{11}maːi^{31}mai^{53}] “新娘新鞋”

娘家给新娘准备的绣花布鞋。由娘家人亲手纳制，鞋里还搭一些长命草（麦冬），祝福新娘婚姻生活平顺安康，新郎新娘百年好合，儿孙满堂。此俗流行于梅林一带。

7-18◆梅林（守艺摄）

7-20◆八协（杨忠平摄）

[ɬun^{31}maːi^{31}mai^{53}]“送亲回门”

送新娘。新娘进门后在新郎家住三夜，第三天吃完早饭后即返回娘家，称 [tɕuaːn^{44}ten^{44}]“转脚”。新娘“转脚”时新郎不随行，而由新郎家的兄弟姐妹和亲朋好友挑着彩礼，组成浩浩荡荡的送亲队伍送新娘回门，队伍越长，表示新郎家的家业越兴旺。彩礼多少视男方经济情况而定，但一般要有侗族特有的酸鱼、酸肉、酸鸭等。在长长的送亲队伍中，新娘走在最后面，手里拿着亮布叠成的小方块，现在多以红包代替，以示吉利。

[ɬoŋ^{22}]“衣桶”

用来盛装亮布上衣和百褶裙等不便折叠的侗族传统服饰的木桶。高约 90 厘米，有两块高出桶口的木板用作对称的两只提耳，提耳上开有两个拇指大小的方形孔眼，用一根木条横插而过，可防止桶盖滑落。传统上是女儿结婚时的常见嫁妆。

7-17◆高友

7-21 ◆ 平铺（杨忠平摄）

[ɬen^{11}paːn^{31}mia^{11}] “伴手钱”

新娘回门时手里拿着的红包，内装礼金，不能空手，以图吉利，故名。以前是新娘手持由五尺长的亮布叠成的小方块，之后这块布用于做腰带或猪肚背包。

[ɬun^{31}pa^{44}q^{h}u^{53}] “回门彩礼”

侗语意为“送猪腿”，是新郎家为新娘回门时准备的彩礼。彩礼一般都比较丰厚，主要是猪肉、酸鸭、酸鱼、酒、米、糍粑等。一般是猪肉两三百斤，酸鸭、酸鹅、酸鱼五十至一百斤，酒一两百斤，米一两百斤，糯米大糍粑一二十只。

7-22 ◆ 平岩（杨忠平摄）

二 生育

7-23◆平岩

[taːu^{11}q^{h}uaːu^{22}] “甜酒”

孩子出生后在三朝酒、满月酒等喜宴上供客人食用的甜品，醪糟加鸡蛋煮制而成，寓意甜甜蜜蜜，健康成长。

[vɛ^{31}qau^{31}jit^{44}nɔŋ^{31}] “办三朝酒”

侗语意为“做宝贝早餐”，又称 [tɔ^{22}ɕe^{11}nɔŋ^{31}] “打宝贝油茶”。婴儿出生半个月内置办酒席宴请宾客以示庆祝，是侗族人生中的第一场重要仪式。一般选在婴儿出生后第三至十五天内举办，具体择吉日而定，多数选第七、九、十一这三天。三朝酒有大办和小办，一般以第一胎最为隆重，无论男女，都会大宴宾客。三朝酒的礼物以娘家人的最为丰厚，一般包括肉、糯米、鸡蛋、侗布、侗锦、银帽、背带、新被、衣柜、木箱等。娘家人还要负责三朝酒一半的肉类和主食，因此他们送的礼物往往多至数十担。

7-24◆梅林（唐汉忠摄）

7-25◆林溪

[ɕa¹¹] **“背带”**

背负孩童用的绣花布兜。主要由背带心、背带盖、骑片和绑带组成，方便大人在照顾孩童的同时还可以腾出双手来干活。背带心和背带盖常绣满各种装饰图案，做工讲究，花样精美。背带是侗族群众必备的育婴工具和民间艺术品，集实用性和装饰性于一身，被喻为“锦绣襁褓”“背上摇篮”，是新生婴儿三朝酒时外婆家赠送的重要礼物之一。

[ʔuk²²ȵaːn⁴⁴nɔŋ³¹] **“满月酒”**

侗语意为“出婴儿月”。婴儿满月当天举办的宴席，主要目的是设宴感谢月子期间前来送礼探望和祝福的亲朋好友。一般由男方备酒菜到娘家举办，类似回娘家酒，规模没有三朝酒大。婴儿一般由房族内一个十来岁的哥哥或姐姐背着去。

7-26◆梅林（杨忠平摄）

7-27◆高定

[piu^{11}] “米箩”

圆桶形小竹箩。底部圆形收窄，有竹提梁，可提可挑。可装米十斤左右。常用来装米去吃喜酒、满月酒等，一般要装两箩，上面再加上一两个小红包或酸鸭、酸鱼等礼物。

[paːi^{53}ɕən^{31}lin^{31}pʰu^{31}ɬa^{22}] “拜神灵菩萨”

结婚生子，在侗族人看来是极其自然的事，如果婚后一段时间没有孕育的迹象或没有生育男孩，就要到庙里祈求、拜祭。独峒镇一些村寨的侗族有一种叫“月愿”的求育法，若村寨里有久婚未育的妇女，人们（通常是家族里的男性长者）会择日到神坛前烧香许愿，祈求神灵赐予子女。

7-28◆平流

三 丧葬

7-33◆高迈（杨忠平摄）

[ʔaːu^{44}laːu^{22}mai^{31}] “入殓”

将逝者放入棺材。棺内底层铺以纸钱和白布单。入棺前要给逝者洗理更衣，有些地方有“三层被单五层衣服”之俗。有些地方棺木停放在鼓楼或村口，遗体由亲属打伞抬出入棺。入殓须选吉时，忌讳铜铁入内，否则会认为不吉利。

7-30◆平流

[paːt^{11}jaːŋ^{13}] “烧纸盆”

用来烧纸钱的器皿，常雕刻有“福”等字样。家里有老人去世时要立即用烧纸盆烧香化纸，称为“落气钱”，寓意逝者“返回故地”有钱花。

7-29◆高定

[mai^{31}ɬai^{11}] “棺材”

又称 [mai^{31}laːu^{31}] “寿木”，多用大杉木制成。棺木制作讲究，以同一株大杉木制作为佳，以榫槽扣合，忌用铁钉。棺多不髹漆，一些地方兴用黑漆髹棺。侗族老人有生前备寿棺、寿衣之俗。

[p^{h}a^{353}hɛu^{53}] “孝巾”

家中老人去世时子女和房族晚辈披戴的白巾。孝子孝女要戴在头上，来吊丧的亲戚朋友只需将孝巾围在胳臂上。

[ma^{13}tau^{53}ɬa^{31}] “送礼祭奠”

吊丧期间亲友临堂祭奠，送来肉、米、酒、鱼、孝幛等祭品，还要给逝者烧香化纸，至亲者要向逝者跪拜。逝者去世后第二天举行上祭，祭品要有鸡、鱼、猪肉“三牲”和米、酒等。

7-31◆三江县城

7-32◆岩脚

7-34◆布代（杨忠平摄）

[ɬaːŋ^{322}ʔaːn^{44}ɬaːŋ^{53}] “做道场”

逝者入棺后要请安葬师傅来做法事，以“超度”逝者亡灵。侗族有“灵魂不灭”的观念，认为人死后灵魂离开身躯去往阴间。人死了要请巫师来“开路”，将逝者的灵魂送到阴间祖先处，与祖先做伴。

[vɛ^{31}q^{h}uaːu^{22}ȵin^{11}laːu^{11}ta^{322}ɕin^{44}] “丧宴”

侗语意为“办老人去世酒”。丧席由逝者家属操办，招待前来祭奠的亲友。丧期逝者子孙禁食肉食荤菜和米酒，但可食用鱼类。

7-35◆平流

7-37◆高迈（杨忠平摄）

[tɕuŋ^{44}ɬai^{11}]“抬棺”

出殡。把灵柩抬到埋葬地点。托棺出门时不得触及门槛，整个抬棺过程中棺材也不能着地，不然会认为逝者的灵魂还留恋人间，不能顺利到达阴间。出殡时要一路抛撒纸钱、米，称为“买路钱”，为逝者“提供钱粮”。出殡过程中还要燃放鞭炮，送逝者灵魂升天，顺利到达阴间福地。

7-36◆盘贵（黄小德摄）

7-38◆平流

[tɕɔk^{11}paːi^{53}]“跪拜”

墓穴挖好后逝者的亲属要先烧香烧纸祭祀，并行跪拜礼，之后才能落棺安葬。

[ɬaːŋ^{53}lui^{322}paːi^{44}]“落棺”

下棺之前先往坑内撒纸钱和大米，意为“垫底钱粮”，并焚“暖井纸钱”。吊棺入坑，拨正方向。覆盖棺木的第一把土由长子刨，而后众人动手填土垒坟。

7-39◆平流

7-40◆平流

[vɛ^{31}vun^{11}]“垒坟墓”

落棺后填土造坟。要逐层夯实，以免日后坟体松动垮塌。垒坟墓的最后环节是安墓碑，这也是最重要的环节。墓碑的朝向需要用罗盘仔细调校。

7-41◆平流

[tə^{22}nam^{31}tɕɔk^{22}mia^{11}]“柚子叶水洗手”

参与葬礼的人回来后会在放有柚子叶的水盆里洗手，而后进屋，以祈福、转运、驱邪、避秽。有的地方放的是茶叶和米粒。

捌·节日

三江侗族自治县素有“百节之乡”的盛名，“月月有节日，夜夜有今宵”，节日之多难以计数，各种节日异彩纷呈，节日活动丰富多彩，具有浓郁的侗族风情。各种节日按内容和性质大致可分为节令类、生产类、交际类、娱乐类和祭祀类等。

不同的节日在性质和活动内容上存在相互包含和交叠的情况，这些缤纷的节日都表达着侗族人民对生活的美好憧憬和向往，节日里丰富多彩的活动和特色美食则彰显着侗族独特的传统文化。如“月也”、坡会、抢花炮、斗牛等，虽然不是单一的节日形式，但却是节日里最核心的活动内容，如今有的已逐渐固定下来形成节日。

三江侗族普遍都过农历春节，各地春节习俗大同小异。农历年底家家户户杀年猪、打糍粑、爆米花、开田捉鱼，除夕当天则阖家团聚、供饭祭祖、守岁迎新、挑新年水等。春节期间走亲访友、宴请宾客，集体吹芦笙、踩歌堂，唱歌多耶，男女青年“行歌坐夜”。在许多村寨正月初二为“走外婆”的日子，全村外嫁女邀约当天集体回门，场面隆重热闹。春节期间也是村寨之间举行“月也”联谊活动的好时节，互邀吹芦笙、踩歌堂、对歌、演戏等，共同联欢。

农历二月初二有些地方过“二月社”，宴请宾客，姑娘则做艾叶粑给意中人吃。梅林、富禄一带二月二赛芦笙、唱侗族大歌，八江、林溪一带有赛芦笙、姑娘点灯看情郎等活动。如今二月二已是青年男女“行歌坐夜”的主要活动时间之一。

农历三月三是花炮节，富禄、林溪等地举行隆重的抢花炮活动，也是全寨人请客会友、经商贸易以及青年男女谈情说爱的综合性节日。其他地方则多举行赛芦笙、“月也”等集体联欢活动。

清明节是祭祖的时节，有修坟、扫墓、祭拜祖先等活动，特色饮食有黄色糯米饭、茶银耳等。

农历四月初八是“牛王节”。这一天不准使唤牛干活，还要喂好牛、护理好牛，以纪念为人们付出辛勤劳动的耕牛。

端午节悬挂菖蒲叶、上山采药、吃粽子等，有赛龙舟、吹芦笙、斗牛、演戏等活动。

六月六有祭鼓楼、晒戏服等活动。

中秋节一般吃“八月社”，人们开鱼塘取鱼宴请宾客，姑娘们也趁机邀请意中人来帮锤布，也是青年男女弹琵琶、吹侗笛、唱侗歌的节日，独峒等地有斗牛等活动。

重阳节这天酿制重阳酒，酿出来的酒可保存多年，品质上佳。

农历十一月初过“冬节”，也叫“鱼冻节”，因为主要菜肴就是开田捉鱼后自制的酸汤鱼冻。

一 春节

8-3◆平岩（杨忠平摄）

[ʔaːu^{44}nam^{31}ȵen^{11}mai^{53}] “取新年水”

侗族新年第一天会取水迎新。新年的第一担水叫“头水”，视为吉祥圣洁之物，要善加利用，不能用来洗东西，只能做饭、炒菜。取新年水还有一个“舀水”习俗：姑娘们抢着舀水，以舀到井水起白泡为最吉利。传统上取新年水是新娘入门后一件重要事情，大年初一要着传统服装到井亭挑井水，而邻里会三五成群地聚集在井亭边一睹新娘芳容。

[laːu^{22}lau^{11}tɔ^{22}qa^{44}tɔ^{22}je^{322}] “鼓楼唱歌多耶”

正月初一开始的歌舞欢庆活动。常持续三日、五日或七日，即只取奇数。梅林、富禄一带多唱侗族大歌，其他地方多唱多耶歌。“多耶”是侗语音译，为“踏歌而舞”之意，参与者手拉手围成一圈，跟着领唱的节奏边唱边舞。领唱唱一句，众人重复句尾三字或重复整句。多有“呀啰耶！呀啰嗨！”等衬音。

8-2◆高定

[ɬəi^{11}]“糍粑”

春节必备的糯米制品。将糯米蒸熟后趁热舂捣至无颗粒的泥糕状即成。刚舂出来的糍粑是一整团，重约十斤，要趁热分成三两左右的小坨，并揉捏压制成碗口大小、厚约1厘米的圆形小饼，便于风干、保存和食用。糍粑可趁热吃，冷后可油煎、火烤吃，也可以切成细丁做打油茶的原料。

8-1◆良冲（杨忠平摄）

[ɬaːk^{22}ɬəi^{11}]“舂糍粑”

年三十当天的重要活动之一。有的地方用舂碓舂，有的用木臼捣。舂出的糍粑除了食用，也用来祭祀。过年制作糍粑是侗族的传统习俗。

8-4◆梅林（唐汉忠摄）

二月二

8-5◆和里（守艺摄）

[tɕaːn^{44}ȵin^{322}ŋuɛt^{31}ȵi^{322}] **“二月二”**

农历二月二期间，侗乡群众都会身着民族盛装聚集起来举行“月也”、赛芦笙、唱侗族大歌等活动，内容和形式多样，热闹非常。梅林、富禄一带有赛芦笙和唱侗族大歌，八江、林溪一带有“月也”、赛芦笙、姑娘点灯看情郎等活动。如今二月二已是青年男女“行歌坐夜”的主要活动时间之一。

8-6◆平岩

[qau^{31}k^{h}uaːn^{13}] **“艾叶粑”**

二月二的特色食品，是一种用大糯米粉加白糖、鸡矢藤、艾叶草、芝麻等制成的甜糍粑。早春时节，春回大地，田间地头到处是鲜嫩的艾叶，人们忙着采摘艾叶做艾叶粑，除自己吃外还会送给亲友，姑娘则趁此机会做艾叶粑送给意中人吃。

8-7◆程阳（杨忠平摄）

[tɕaːŋ^{22}vai^{44}ju^{11}naːŋ^{22}laːk^{31}haːn^{53}]“点油灯看情郎”

二月二的特色活动之一，洋溪、林溪等乡镇一带盛行。“月也”、芦笙会等村寨之间的集体联谊活动中，小伙子晚上吹芦笙时，姑娘们会集体点上油灯为他们照明，借机向自己的意中人传递爱慕之情。

[tɔ^{22}qa^{44}laːu^{31}]“唱侗族大歌”

侗族地区一种多声部、无指挥、无伴奏、自然和声的民间合唱形式。其内容主要是歌唱自然、劳动、爱情及友谊。三江梅林一带在二月二会举行侗族大歌节。节日当天人们身着盛装，以歌传情，以歌会友，歌声此起彼伏，场面盛大隆重。侗族大歌的歌词中还蕴含许多道理，是传承侗族文化、凝聚侗族精神的重要载体。

8-8◆梅林（杨忠平摄）

[ɕi⁴⁴qan¹¹] “吹芦笙”

二月二的主要活动之一。形式多为两个或数个甚至十几个村寨齐聚某一村寨一起赛芦笙、合奏芦笙，称为芦笙会。每个村寨派出一支几十人的芦笙队，几个乃至十几个芦笙队聚

8-9◆梅林（杨忠平摄）

在一起吹奏，几百上千把芦笙齐鸣。整个过程会根据不同环节吹奏不同的芦笙曲，如《召唤曲》《入场曲》《欢迎曲》《进行曲》《到场曲》《散场曲》等。

三 三月三

[vɛ^{31}je^{353}] "月也"

侗语意为"做客"，汉译"吃相思"或"走众亲"，是村寨之间的一种集体联谊活动。一般在正月至三月的农闲季节举行，以吹芦笙、唱侗歌、演侗戏等为活动载体，旨在加强村寨之间的交流与联系，也是年轻人寻找对象的好时机。"月也"的形式主要有 [vɛ^{31}je^{353}laːu^{31}]（做大客）"大型月也"、[vɛ^{31}je^{353}lau^{11}]（做鼓楼客）"月也鼓楼"、[vɛ^{31}je^{353}tak^{11}]（做公客）"月也芦笙"、[vɛ^{31}je^{353}ɕi^{44}]（做戏客）"月也戏"等几种。"月也"如今依然盛行，形成了独特的民俗。

8-10◆邑团（杨忠平摄）

8-11◆老巴（唐汉忠摄）

[tɕ^{h}aːŋ^{31}kaːu^{22}p^{h}ɛu^{53}]“抢花炮”

侗族三月三的重要活动之一。主要流行于榕江一带的富禄、梅林和林溪河一带的林溪等地，是当地隆重的花炮节。花炮是铁制圆环，外用红布或红绸缠绕。将其置于送炮器上，送炮器内装火药，可助铁环冲上天空，待其落下时参与者便奋勇争夺，谓之“抢花炮”。花炮分为头、二、三炮，谁抢得花炮，就会认为在这一年里人财两旺，幸福安康。

8-12◆富禄（杨忠平摄）

四 清明节

8-13◆岩脚

[ɕa^{31}p^{h}aːu^{13}] “茶银耳”

油茶树上长出的变异的泡状果实或肥厚嫩叶，多生长在新枝上，清明节前后成熟，味美可食。有的偏白、微甜、味道爽口；有的微红，吃起来略带苦涩。小孩多爱吃。独峒等地有歌谣“上山吃茶银耳无须情郎帮忙找，情妹自己摘”，寓意姑娘勤劳独立。

8-14◆岩脚（杨忠平摄）

[k^{h}a^{22}vun^{11}] “扫墓”

择吉日扫墓祭祖的习俗。扫墓时拿特制黄色糯米饭、鱼肉等祭品到坟地祭拜先人。扫墓时把坟墓两边的草木都清除干净，然后砍一段小树枝插在坟墓上，在上面穿一层层纸钱，并焚香化纸，祈求先人庇护。祭祖结束后要在坟地边用餐，寓意陪先人吃饭。

五 端午节

8-16◆老堡（杨忠平摄）

[pi^{31}ɬaːi^{13}lɔ^{44}]“赛龙舟”

端午节的主要活动之一。赛龙舟又称为“划龙船”或“爬龙船”。比赛时龙船会被精心装扮，河岸上人潮涌动，观众的欢呼声喝彩声随着龙舟的鼓点此起彼伏。

8-15◆布央

[jaːu^{13}ʔəm^{22}]“采药”

端午节采集草药的传统习俗。侗族传统医药以植物为主，认为端午当天采的草药药效最好。

8-17◆平岩

[qau^{31}jut^{22}] “粽子”

端午节的特色美食。侗家粽子有草鞋粽、三角粽、羊角粽等。包粽子都用自种的糯米，包好后放入用稻草灰滤制的碱水里浸泡一夜，然后在清水里煮，煮出来的粽子有种特殊的香味。有的地方包粽子时会放入少量饭豆、腊肉丁等，蒸出的粽子香糯可口。

[ʔuaːi^{44}ŋaːt^{31}] “烧稻草碱”

传统上侗族地区有烧稻草灰制作碱水的习俗。将糯稻草芯烧成灰烬，装入容器里加清水浸泡，过滤得出的稻草灰汤便是稻草碱水。将糯米用稻草碱水浸泡后再包粽子，煮出的粽子便是紧实干爽又清香可口的稻草灰粽。稻草碱水也是调制染制侗布的染液所需的原料之一。

8-18◆马胖

六 中秋节

8-19◆老巴（唐汉忠摄）

[k^{h}ɛm^{22}tam^{44}k^{h}ɛm^{22}ʔia^{53}ta^{322}ɕip^{11}ŋɔ^{31}] “取鱼庆十五”

农历八月十五当天捕捞田里或塘里的鱼来宴请亲朋的习俗。这一古老习俗来源于传统的稻作方式。春天插秧后把鱼苗放入稻田里，秋天收稻子时就把田里的水放干，同时也捕捞田里已长大的鱼，鱼稻双收。捞的鱼多，就地烧着吃，犒劳来帮着收稻子的亲朋，庆祝丰收。这一习俗延续至今，并演变出八月十五取鱼庆祝的习俗。

[pa^{44}jap^{11}] “酸菜生鱼片”

侗语意为“拌鱼片”，是侗家特色菜肴之一。将新鲜草鱼切薄片摆在盘中晾干水分备用。然后浇上少量茶油、酸汤或酸醋拌匀，接着拌入陈年酸菜，最后加入食盐、五香粉、芝麻粉、花生粉、黄豆粉等配料以及切细的香蓼叶、紫苏、姜、蒜等，拌匀即可食用。酸菜生鱼片味美色鲜，酸甜适度，是侗族八月十五取鱼庆丰收的待客佳肴。

8-20◆岩脚

8-22◆平流

[tɔ^{22}qa^{44}pi^{21}pa^{11}] **“唱琵琶歌”**

传统社交和娱乐方式，“行歌坐夜”时常见。可以是男女自弹自唱，也可以是一方弹一方唱，抑或是一方弹双方唱，甚至是双方弹双方唱。[qa^{44}pi^{21}pa^{11}]“琵琶歌”因用琵琶伴奏而得名。男女青年“行歌坐夜”唱的琵琶歌叫抒情琵琶歌，艺人唱故事或说唱故事唱的琵琶歌叫叙事琵琶歌，或琵琶弹唱。

[tɔ^{22}qa^{44}tɕek^{31}] **“唱侗笛歌”**

传统社交与娱乐方式，赶坡会时最常见。流传于三省坡周围的侗族地区，多为男的吹笛，女的伴唱。[qa^{44}tɕek^{31}]“侗笛歌”因用侗笛伴奏而得名。三江侗笛歌多为咏叹性情歌。

8-23◆高定

8-21◆岜团（唐汉忠摄）

[ɬun^{53}vai^{21}ɕin^{44}taːu^{22}]“放牛相斗”

三江独峒一带侗族庆祝农历八月十五的主要节庆活动。节日当天，各村寨男女老少一大早就到河边来观看。每个村寨都饲养专供打斗的“水牛王”，比赛当天就赶来一决高下，哪个村寨的“牛王”获胜，就是全寨的荣耀，当晚常有集体性庆祝活动。

[ɬui^{53}miak^{22}]“行歌坐夜”

侗语意为“坐姑娘”“坐妹”，是侗族青年男女交往或恋爱的主要方式，正月、二月二、三月三、八月十五等节庆或冬末春初等农闲季节较为盛行。夜晚几个要好的姑娘邀约在某一家做绣花等手工针线活或纺纱织布，青年小伙则三五人结伴前来登门对歌作乐或交谈做伴，有的还专门带着牛腿琴、琵琶等乐器前来。侗语称这种活动为“走姑娘”“坐姑娘”“坐夜歌”等，史书多称“行歌坐夜”“行歌坐月”。在“月也”等村寨之间的集体联谊活动中，“行歌坐夜”不限于未婚的青年男女之间，主客寨的男女之间都可以“行歌坐夜”，不分年龄、不分婚育与否，一般以年纪相仿为宜。

8-24◆岑旁（唐汉忠摄）

七 其他节日

8-25◆和里（守艺摄）

[paːi^{44}meu^{322}tau^{53}ɬa^{21}] “庙会”

侗语意为“去庙祭拜”。三江侗族民间还保留到庙里祭拜的习俗，一般只是提上一些猪肉、鸡肉、鱼肉、香纸等去庙里祭拜，以祈求平安健康。有些地方年三十下午去，有些则是三十晚上十二点后去。遇到庙会等大型活动时就抬全猪、全羊等祭品去。每年农历二月初五的良口乡和里村三王宫庙会，人们杀猪宰羊，举行盛大的古装祭祀庙神活动，内容丰富多彩，有盛装游行、长老祭拜、敲锣打鼓、芦笙踩堂、跳多耶舞、演侗戏等，热闹非凡。据传，“三王”是夜郎国王之三子，在世多有德政，为民所厚爱，逝世后民众感其恩德，立庙塑雕像祭祀。庙会当天，各寨群众抬着猪牛羊等祭品到三王宫祭拜三王，祈求平安幸福。之后用轿子抬着三王雕像巡游各寨，场面壮观热烈。

[q^{h}uaːu^{22}tɕu^{22}ŋuɛt^{31}tɕu^{22}] **“重阳酒”**

侗语意为“九月九之酒”。侗族地区有重阳节当天酿制糯米酒的习俗，故名。重阳酒家家自酿，用泥土烧制的粗糙坛子封存。重阳酒和酸鱼、酸肉、酸鸭、糯米、糍粑等侗族传统食品一样，是重大喜事中必备的待客佳品。

8-27◆平岩

[tau^{53}ɬa^{31}lau^{11}] **“祭鼓楼”**

侗族地区一项重要的祭祀祈福活动。有的地方选在农历六月初六这天举行。除了糯米饭、酒、鱼等，猪头是最主要的祭品。祭祀鼓楼一般由中老年男性参加。祭祀完毕摆宴席供中老年人食用，有感恩敬老的寓意。

8-26◆高友（杨忠平摄）

联三省方家

玖·说唱表演

本章包括口彩禁忌、俗语谚语、歌谣、故事四个部分。口彩即吉利话、吉祥语，讨口彩就是使用吉利话。禁忌语是在某些场合需要避讳的语言文字成分，用于替代禁忌语的话语是婉辞（委婉语）。三江侗语里的口彩比较丰富，有吉祥口彩、财富口彩、长寿口彩、子嗣口彩。如用 [qan^{21}]“芦笙”指代“男孩”，用 [ɕa^{22}]“纺纱机”指代“女孩”，表达“生男生女都爱”的思想，体现了男女平等的社会观念。为了避俗求雅，还用 [tɔ^{322}ʔi^{44}tɕ^{h}in^{322}tɕa^{322}]“请个假”代替“上个厕所”等表达方式。

当地流传着许多俗语谚语，展现了居民在农业、生活、气象等方面丰富的经验和切实的体会，由田里，到溪边，穿林间，至山头，句句朗朗上口。该部分内容大体按顺口溜、农业谚语、气象谚语、生活谚语、其他谚语的顺序排列。

歌谣部分由童谣及民歌构成。民歌多选自植物歌谣，且多与爱情有关，多是当地的生活写照。

“鼓楼大歌”是不同村寨男女歌队在鼓楼对歌演唱的主要歌种。其内容多为情歌，男声大歌，高亢嘹亮，犹如江河奔腾；女声大歌，优美细腻，犹如流水潺潺。对歌时，有用一首还一首的，也有用一套还一套的。鼓楼大歌基本属无伴奏合唱，其中男声大歌也可用琵琶伴奏。

有乐器伴奏的歌多用琵琶、笛子，“十八情歌”系列尤为出名。无乐器伴奏的歌有植物歌谣、童谣等，唱法简单，广受欢迎。

本章不收图片，体例上也与其他章有所不同。其中俗语谚语、歌谣部分大致上按句分行，每句先写国际音标，再标汉语对译。每个故事在最后附普通话意译。

讲述故事时，语流音变现象（如脱落、弱化、合音等）比较常见，本章完全依据讲述人的实际发音记录。

一 口彩禁忌

1. q^{h}ai^{13} ȵen^{21}mai^{53} ma^{13} haːŋ^{21} haːŋ^{21} laːi^{44}.
开 新年 来 样 样 好

新年到来样样好。

2. qaːu^{31}jaːn^{21} laːi^{44}, ɬaːŋ^{31} laːk^{31} kuaːi^{44}, tɔk^{21}lɛ^{21} laːi^{44}.
家里 好 养 孩子 乖 读书 好

家庭好，养儿乖，读书好。

3. jaːn^{21} ȵa^{21} laːi^{44}, ɬaːŋ^{31} miaːk^{22} laːi^{44}, ɬaːŋ^{31} ʔi^{44} pai^{31} miaːk^{22} pɛk^{22} muŋ^{31} qɛm^{53}.
家 你 好 养 姑娘 好 养 一 女儿 姑娘 百 位 爱慕

你家好，养女好，养有一女百人求。

4. hu^{44}mau^{31} ɬaːŋ^{31} ɕaːu^{44} laːk^{31}ȵin^{21} tɕy^{53}, ɬui^{53} qaːu^{31} ʔu^{44}kaːi^{44} ɕek^{22} va^{22}ɬaːi^{31}.
父母 养 你们 儿郎 贵 坐 里头 街上 都 发财

父母养你们贵儿郎，坐在街头都能发财。

5. hu^{44}mau^{31} ɬaːŋ^{31} ɕaːu^{44} ȵin^{21}ɬai^{21} tɕu^{22}, tu^{22}t^{h}aːi^{21} ɕaːu^{44} laːi^{44} kaːi^{44} t^{h}en^{44}ɕa^{44}.
父母 养 你们 人才 贵 才学 你们 好 盖 天下

父母养你们贵人才，你们才学甲天下。

6. ɬən^{44} taːu^{44} ɕi^{22} k^{h}uaːŋ^{22} pən^{22} qaːŋ^{22} ɕaːu^{44} jaːn^{21} naːi^{322}, ɬaːi^{22} kuaːi^{44} lɔŋ^{21} jaːi^{322} qam^{53} t^{h}ɔŋ^{13}tɕu^{44}.
村子 咱们 都 宽广 总是 讲 你们 家 这 肠 乖 肚 利 盖 州城

咱们村这么大就数你们这一家，聪颖智慧甲一方。

7. naːi^{322} ɕaːu^{44} jaːn^{21} tau^{322} ŋa^{21}man^{21}, ȵin^{21} ju^{22} haːu^{22}, mɛ^{21} tɕaːn^{44} tan^{22} ɬaːu^{22} lian^{31} ju^{44} maːŋ^{21}.
如今 你们 家 像 府衙 人 又 好 有 吃 穿 暖 无须 忧 什么

现今府上若县衙，人又好，有吃有穿无须忧。

8. naːi^{322} ɕaːu^{44} jaːn^{21} tɕin^{44} ɕin^{44}hɔ^{21}， ɕek^{22} lai^{44} pɔ^{21}ɬʅ^{13}ɬan^{322}，

如今 你们 家 真 和睦 都 得 博士生

jin^{322}juan^{31} ɕaːu^{44} laːi^{44}， ʔi^{44}k^{h}aːi^{13} q^{h}ɛ^{21}tau^{53} ɬau^{31}.

因缘 你们 好 一律 不用 愁

如今府上真和睦，都得博士生，因缘你们好，一律不用愁。

9. ȵin^{21}laːu^{31} ʔu^{44}ɕin^{44} peŋ^{44}， tɕaːn^{44} lai^{22} taːŋ^{44} ȵaːu^{322} lai^{22} ʔiaːi^{22}.

老人 身体 健康 吃 得 香 活 得 长

老人身体健康，吃得香活得长。

10. tɕəm^{44} paːu^{44} tɕəm^{44} tɕy^{53} ȵan^{21} ja^{21} tɕy^{53}， ȵan^{21} paːu^{44} ȵan^{21} laːi^{44} tɕəm^{44} ja^{21} laːi^{44}.

金子 说 金子 贵 银子 也 贵 银子 说 银子 好 金子 也 好

生男生女皆富贵。

11. tɕəŋ^{53} qan^{21} ja^{21} jiŋ^{22} laːi^{44}， tɕəŋ^{53} ɕa^{22} ja^{21} jiŋ^{22} haːu^{22}， paːu^{22} ja^{21} jiŋ^{22} liaːŋ^{13} pai^{31} jiŋ^{22} ʔai^{53}.

把 芦笙 也 愿意 好 架 纺纱机 也 愿意 好 儿子 也 愿意 想 女儿 愿意 爱

芦笙也好，纺纱机也行，儿子也关心女儿亦关爱。（生男生女都喜爱）

12. ta^{322} ɕin^{44} “去世”

过 身

13. paːi^{44} jaːn^{21} tɛ^{44} “死了”

去 家 外婆

14. paːi^{44} tɕaːn^{44} jai^{21} “离世”

去 吃 梨

15. ʔu^{44}ɕin^{44} q^{h}ɛ^{21} vaːŋ^{13}pen^{322} “生病”

身上 不 方便

16. jaːŋ^{21} pa^{53} la^{0} “老人生病”

枯 树叶 了

17. ɕin^{44} k^{h}uɛ^{353} “离婚；分手”

互相 分开

18. pɛ^{44} la^{0} “（器皿）打碎了”

卖 了

19. q^{h}an^{13} ɬəm^{44} “（米饭）煮不熟，夹生”

成 心

20. pa:i^{44} tɛ^{22}kɔŋ^{21} “上厕所”

去 楼底下

21. tɔ^{322} ʔi^{44} tɕ^{h}in^{322}tɕa^{322} “上个厕所”

放 一 请假

22. mau^{53} “男阴”

蝌蚪

23. tun^{22} “女阴”

鸡臀尖

24. kai^{53} “睾丸”

蛋

25. ɕin^{44} ʔai^{53} “性交”

互相 爱

26. tɕau^{44} q^{h}u^{353}la:ŋ^{31} “猪交配”

赶 猪郎

27. ʔa:u^{44} tak^{22} “（母兽）发情”

要 公

28. ʔa:u^{44} ɬai^{22} “（母禽）发情”

要 雄

29. nam^{31} tɕɔŋ^{22} “精液”

水 种

30. ɬak^{44} ɕin^{44} “来月经”

洗 身

31. mɛ^{21} ɕin^{44} “怀孕”

有 身

32. ta^{44} ɬu^{44} “孕妇”

眼睛 青

33. ɬaːŋ^{31} laːk^{31} “生孩子”

养　孩子

34. kuaːŋ^{44} ta^{44} “（孩子）出生了”

亮　　眼睛

35. lai^{22} nan^{44} laːi^{44} “生孩子”

得　个　好

36. lai^{22} tɕəŋ^{53} qan^{21} “生男孩”

得　把　芦笙

37. lai^{22} tɕəŋ^{53} ɕa^{22} “生女孩”

得　架　纺纱机

二 俗语谚语

1. mɛ^{11} ja^{21} pəi^{31} pu^{22}，qu^{22} pəi^{31} luaːn^{322}，tɕin^{21}taːŋ^{21} vaːn^{13}kuaːn^{22} tɕʰa^{353} miŋ^{11} tɔ^{44}.
有 也 别 高调 苦 别 忧愁 田地 万贯 上 几 户

有也别张扬，苦也别忧愁，田地万贯有几户。

2. ʔu^{44} mən^{44} van^{13} tɕit^{44} qai^{22} piŋ^{21}tɕiŋ^{53}，jaːŋ^{21}kaːn^{44} tɛ^{22}təi^{322} qai^{22} piŋ^{21}jin^{21}.
上 天 区分 星星 无 平均 世间 地上 无 均匀

天上星星不同亮，世间人们难一样。

3. ɬaːm^{44}ɲuɛt^{31} lep^{21}ha^{53} tɔk^{44} qau^{21}tɕɔŋ^{22}，ɬəi^{53}ɲuɛt^{31} laːk^{31}liɔŋ^{21} jiŋ^{22}ʔi^{44} ka^{22} tɕuŋ^{322} jaːŋ^{44}，
三月 立夏 下 谷种 四月 表妹 愿意 秧苗 共 培育

ŋɔ^{31}ɲuɛt^{31} paːi^{44} paːn^{53} ɬaːn^{53} ɬaːŋ^{44} ka^{22}，nu^{53} ɕaːu^{44} jiŋ^{22}ɕa^{22} lam^{13} tɕuŋ^{322} taːŋ^{21}.
五月 去 半 分散 根 秧苗 若 你们 愿意 插 共 田塘

三月立夏下谷种，四月妹妹愿意就共育秧；五月中旬去拔秧，若你们愿意就齐插秧。

4. ta^{53} liaːu^{31} ha^{53}tɕi^{53} ɕu^{44}ɕəŋ^{21} jun^{22}.
过 了 夏至 收成 少

过了夏至收成少。（庄稼过了夏至再种，收成就会少。）

5. qʰai^{13}ȵen^{21} lep^{21}ɕin^{44} mən^{44} tɕuaːn^{53} ɬaːu^{22}.
过年 立春 天 转 暖

过年立春天转暖。

6. ɕin^{44}ɕi^{21} qai^{22} pen^{322} kɔŋ^{44}，tɔŋ^{44}ɕi^{22} qai^{22} pen^{322} qɔ^{21}.
春时 无 闲 活 冬时 无 闲 脖

春夏劳作，秋冬才有收获。

7. mən^{44} q^{h}ɛ^{21} taŋ^{44}pin^{44} tɕin^{11} ɬɔ^{22} ʔia^{53}, nɔŋ^{31} q^{h}ɛ^{21} tɕum^{44} pa^{53} maːŋ^{11} jɔŋ^{44} jaːn^{13}.

天 不 下雨 坡 干旱田 妹 不 积 尿 什么 施肥 菜园

天不下雨坡旱田，妹不积尿啥施园。（比喻条件不足事难成。）

8. ʔu^{44}mən^{44} taŋ^{44}pin^{44} tɛ^{22}təi^{322} laːn^{322}, laːk^{31}ŋaːn^{322} taŋ^{44} tɕaːn^{44} pa^{53} lan^{31} laːi^{21}.

天上 下雨 地下 烂 小鹅 来 吃 翅 齐 背后

天上下雨地下烂，小鹅来吃羽翅满。（比喻条件具备事竟成。）

9. taŋ^{44}pin^{44} p^{h}ɛ^{31}p^{h}ɛ^{31} muŋ^{31} ɬaːŋ^{322}ŋe^{31} jau^{53} lau^{53} tai^{44}.

下雨 纷纷 位 瓦匠 要 饥饿 死

连绵雨天逼死泥瓦匠。

10. məi^{31} tɕaːn^{44} kɛŋ^{44}taːŋ^{21} hɛm^{31} tɕeu^{44} laːŋ^{11} vɛ^{31} tɕaːi^{31},

未 吃 白糖粥 叫 我们 情郎 做 哥哥

tɕaːn^{44} liaːu^{31} kɛŋ^{44}taːŋ^{21} hɛm^{31} tɕeu^{44} laːŋ^{11} ka^{31}kau^{44}.

吃 了 白糖粥 叫 我们 情郎 乞丐

未吃白糖粥叫我们情郎做哥哥，吃了白糖粥叫我们情郎为乞丐。（调侃女子善变）

11. n̥in^{21}pan^{22} ɬui^{53} maːŋ^{53}tan^{22}.

主家 坐 上座

主家坐上座。

12. k^{h}e^{13}kaːu^{22} lian^{44}lian^{44} vɛ^{31} nan^{44} tɕət^{22},

梳头 光亮 做 个 髻

vaːŋ^{353} ɬaːu^{31} qai^{22} t^{h}ət^{22} man^{44} ju^{22} man^{44}.

避开 丈夫 不 脱离 天 又 天

梳头光亮盘发髻（梳头盘发髻是侗族女子出嫁时的必备环节，也是女子婚嫁的标志），要离夫君不容易。（结婚容易分手难，要慎重对待婚事。）

13. ten^{44}ɬən^{44} qui^{22}tɕu^{44} kam^{44} ɬaːp^{31} ka^{31}, kaːu^{22}jaːŋ^{21} kaːu^{22}pia^{53} ka^{31} ɬaːp^{31} meu^{44};

村脚 贵州 侗族 杂 汉族 高洋地名 高岜地名 汉族 杂 苗族

ta^{322} paːi^{44} tɕin^{21}ɕɛŋ^{44} ȵaːŋ^{22} ɬaːp^{31} k^{h}uaːu^{353}, ta^{322} paːi^{44} kaːu^{22}tɕin^{21} laːn^{31} tɔŋ^{22} pɛ^{31}.

过 去 荒山 茅草 杂 草 过 去 山头 南 同 北

贵州村脚侗汉杂居，高洋高岜汉苗杂居；过了山坡草共草，过了山头南共北。

14. ŋa^{21}jɔŋ^{21} ɬaːm^{44}hɔŋ^{44} tɕaːn^{44} qau^{31}tɕɔ^{22}, ɕuaːn^{31}pan^{31} tu^{44}kɔ^{22} tɕaːn^{44} nan^{44} vaːŋ^{322}tɕi^{53} tuŋ^{44}.

牙荣村 凤凰村 吃 糯米饭 传本村 都稿村 吃 个 玉米 煮

牙荣凤凰吃糯米饭，传本都稿吃煮玉米。（牙荣、凤凰两村水田多，适合种植糯米，传本、都稿两村旱地多，适合种植玉米。牙荣、凤凰、传本、都稿为斗江镇的四个村寨。）

15. laːk^{21}miak^{22} ȵa^{44}meu^{44} tɕeu^{44} qai^{21} jau^{53}, ta^{44} pɛ^{44} laːk^{21}q^{h}u^{353} tɛ^{44} pɛ^{44} haːi^{21}.

姑娘 苗江河流 我们 不 要 外公 卖 猪崽 外婆 卖 鞋子

苗江姑娘我们不娶，（她们的）外公卖猪崽，外婆卖鞋子。（八江等地的青年男子调侃苗江一带的姑娘，说她们的生产生活方式与其他地方的不同。）

16. laːk^{21}miak^{22} ȵa^{44}maːk^{21} tan^{22} ɬɔ^{53}paːu^{21}, pəi^{22} nau^{13} ʔaːu^{44} maːu^{322} laːu^{22} ȵa^{44}meu^{44}.

姑娘 八江河流 穿 半筒裤 像 谁 要 她 进 苗江河流

八江姑娘穿筒裤，无人娶她进苗江。（八江一带女子少穿裙子，遭苗江一带男子调侃。）

17. ɕu^{22}ɕaːŋ^{44} paːk^{22}ɕe^{21} muŋ^{31} maːŋ^{53} pian^{53}, piŋ^{21}liu^{21} va^{21}liaːn^{53} muŋ^{31} ɕɔŋ^{22} ȵa^{44}.

守昌村 八协村 隔 半 田垌 平流村 华练村 隔 段 河

守昌八协隔田垌，平流华练隔段河。（守昌、八协二村相距很近，同属一个行政村，平流、华练二村亦然。）

18. mai^{31}jaːu^{13} taːu^{44} pəi^{31} ʔaːu^{44}, mai^{31}qau^{53} taːu^{44} pəi^{31} jau^{53};

枫树 咱们 不必 要 油桐树 咱们 不必 取

mai^{31}lət^{21}kam^{21}paːk^{21} ɕi^{22}kuaːn^{22} k^{h}au^{353}.

白栗木树 尽管 干

枫树咱们不必要，油桐树咱们无须取，白栗木树尽管伐。（不同树木的经济和使用价值不同。）

三 歌谣

1. 猫儿歌

mɛu^{31} mɛu^{44}mɛu^{44} ʔu^{44} pɔŋ^{11}ɬɔ^{31}, q^{h}ɛ^{13} paːi^{44} nu^{44} maːu^{322} qai^{22} jɔ^{31};
猫 喵喵 上方 谷仓 别人 去 何处 它 不 知

qai^{22} jɔ^{31} mən^{44} qai^{22} jɔ^{31} təi^{322}, qai^{22} jɔ^{31} ɬeŋ^{11}ȵi^{322} ta^{322} nu^{44} paːi^{44}.
不 知 天 不 知 地 不 知 情义 从 何处 去

猫儿谷仓喵喵叫，人去何处其未晓，不知天来不知地，不知情义何处来。

（莫仁政吟诵，2019 年 5 月 4 日）

2. 慈母歌

nai^{31} tɕeu^{44} paːi^{44} tɕin^{21} tau^{53} tɕeu^{44} nɛ^{22}, tau^{53} tɕeu^{44} jin^{13} tɛ^{44} naːn^{21} ta^{322} man^{44};
妈妈 我们 去 山 让 我们 哭 让 我们 跟 外婆 难 过 日子

nai^{31} ta^{322} tɕin^{21} ma^{44} məi^{31} ɬɔ^{22} vun^{53}, la^{13} nɔŋ^{31} ʔi^{44} tən^{53} nai^{31} ʔɛm^{44}ɬəm^{44};
妈妈 从 山 来 未 干 汗 喂 孩儿 一 顿 妈妈 安心

lɛp^{22} nɔŋ^{31} tɕ^{h}a^{353} pɔk^{21} tɔk^{21} tɕaːn^{44} mai^{22}, qaːk^{22} ɕaːŋ^{53} mai^{31} q^{h}ui^{13} tɕi^{44} ȵin^{21}ɬeŋ^{21}.
拾 孩儿 上 怀抱 单独 吃 乳汁 自己 想 辛苦 牢 记 人情

妈妈上山让咱哭，外婆带咱日难度；妈妈归来汗未干，喂儿一顿母心安；揽儿入怀独享乳，孩儿须记母之苦。

（莫仁政吟诵，2019 年 5 月 4 日）

3. 松树歌

lim^{21}liɔ^{53} tɔk^{44} p^{h}aːŋ^{13} tən^{22} mai^{31}ɬɔŋ^{21}tɕaːŋ^{44} ʔuaːn^{13} jaːu^{31} ju^{21}.
林略村 坐落 高处 棵 松树 换 要 油

林略（村）位高处，有红芯松树，其芯代油可点灯。（油脂和蜡可用来点灯照明，[tɕaːŋ^{44}] 指红色的树芯。）

（莫仁政吟唱，2019 年 4 月 17 日）

4. 林略歌

lim^{21}liɔ^{53} tɔk^{44} p^{h}aːŋ^{13} tuŋ^{22} tɕaːi^{31} pi^{31}ɕaːŋ^{44}, liaːŋ^{13} hɛm^{31} laːu^{22} jaːn^{21} lɔ^{0}.
林略村 坐落 高处 逢遇 哥哥 比香人名 爱慕 喊 进 屋 啰

林略（村）位高处，遇见比香哥，人人皆思量，争相邀入房。（比香，传说是旧时的富人，人人爱慕思念。）

（莫仁政吟唱，2019 年 4 月 17 日）

5. 杉木皮歌

pi^{21}pɛn^{22} tɕa^{44} jaːn^{21} ɕaːu^{44} tu^{322} naːn^{22} lai^{22} tɕeu^{44}.
杉木皮 盖 房子 你们 都 难 得 我们

你们用杉木皮盖房子都得不到我们。（用杉木皮盖房子的男子穷，但用瓦片盖的房子又怎样？比喻芳心不易赢得。）

（莫仁政吟唱，2019 年 4 月 17 日）

6. 榕树歌

ȵa^{21} ɕaːŋ^{53} vaːŋ^{353} ɬaːu^{31} laːi^{44} vaːŋ^{353} ɕi^{53}?
你 想 离开 丈夫 好 离开 那么

tən^{22} mai^{31}liɔŋ^{21}ɕu^{22} ʔi^{44} paːŋ^{21}, jaːu^{22} nɔŋ^{31} ȵaːŋ^{21}tɕəm^{44} naːn^{22} liaːn^{53} ɬaːŋ^{44}.
棵 榕树 一 大木桶 怕 妹妹 金情妹 难 翻倒 根

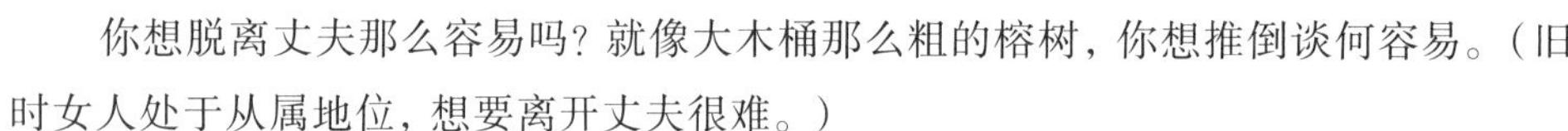

你想脱离丈夫那么容易吗？就像大木桶那么粗的榕树，你想推倒谈何容易。（旧时女人处于从属地位，想要离开丈夫很难。）

（莫仁政吟唱，2019 年 4 月 17 日）

7. 李花歌

nɔŋ^{31} pəi^{22} va^{13}təi^{44} q^{h}ai^{13} jɔ^{31} jam^{53} ɛ^{0}, tɕaːi^{31} pəi^{22} va^{13}leu^{11} tɕeu^{11} taːŋ^{21} pən^{22} naŋ^{44} ɬu^{44}.
妹妹 像 李花 开 会 过去 呀 哥哥 像 柑橘花 条 藤条 依然 还 青

妹妹如李花绽放昙花一现，哥哥像柑橘花和藤条永葆青春。（形容女子容颜易老，男子却永葆青春。）

（莫仁政吟唱，2019 年 4 月 17 日）

8. 芋头歌

ɕip^{11}ŋuɛt^{31} ɕaːŋ^{322} tɕəŋ^{53} ɕaːŋ^{322} tɕaːn^{44} ʔiaːk^{22}, liɔk^{11}ŋuɛt^{31} ɕaːŋ^{322} jaːk^{22} ɕaːŋ^{322} tɕaːn^{44} təi^{44}.

十月 越 饱 越 吃 芋头 六月 越 饿 越 吃 李子

十月越饱越吃芋，六月越饿越吃李。（比喻青黄不接。）

（莫仁政吟唱，2019 年 4 月 17 日）

9. 苋菜歌

tɕu^{22} lai^{22} ma^{44}ŋəm^{21} laːm^{21} ma^{44}ku^{21}, tɕu^{22} lai^{22} ɬaːu^{31} laːi^{44} paːi^{44} tau^{53} tɕeu^{44}.

君 得 苋菜 忘记 苦麦菜 君 得 丈夫 好 去 留下 我们

情妹得了苋菜就忘了苦麦菜，情妹得了好丈夫就丢下我们。（失恋男子的自嘲：苋菜比苦麦菜好吃，把好丈夫比喻成苋菜，把自己比喻成苦麦菜。）

（莫仁政吟唱，2019 年 4 月 17 日）

10. 大烟歌

nun^{22} ɕaːŋ^{21} quaːn^{22}ki^{44} tɕi^{44} jaːŋ^{31}jen^{22} lə^{0}, mɛn^{22} hɛm^{31} qai^{22} tɕin^{21} ȵin^{21} maːn^{22} p^{h}i^{13}.

睡 床 弯曲状 吃 洋烟 呢 使劲 喊 不 起来 人 黄 皮肤

躬身睡床抽洋烟，万喊不起人黄面。

（莫仁政吟唱，2019 年 4 月 17 日）

11. 十二月歌

tɕiŋ^{44}ŋuɛt^{31} ȵi^{322}vaːŋ^{22} a^{0} ɕi^{44}liu^{11} tɕa^{53} q^{h}ai^{13}va^{13} a^{0} p^{h}a^{13} tɕin^{11}tɕi^{31},

正月 二月 啊 石榴 那 开花 啊 蓝 山坡

saːi^{22} liaːŋ^{13} a^{0} lɔ^{0} ɬeŋ^{11}ȵi^{322} ɕi^{22} qai^{22} laːm^{11} a^{0};

肠子 思念 啊 啰 情义 就 不会 忘记 啊

正月二月那石榴花开满山野，心思情义就不会忘记；

saːm^{44}ŋuɛt^{31} ləm^{11}naːm^{11} a^{0} q^{h}ai^{13} va^{13}qau^{53} ɕi^{11} lɔ^{0} ɕi^{11},

三月 南风 啊 开 油桐花 时候 啰 时候

ɕaːŋ^{44} t^{h}au^{353} a^{0} ləi^{31} ɕaːu^{44} ȵaːŋ^{11} a^{0};

想 到 啊 话 你们 情妹 啊

三月南风油桐花开时就会念及你们情妹的话语；

si^{44}ŋuɛt^{31} tɕin^{11}ta:ŋ^{11} a^{0} ma:u^{11} lya:n^{322} ka^{22}, nu^{44} ɕa:u^{44} tɕu^{22} ɬeŋ^{11} jiŋ^{22}ɕa^{22} ka^{22} tɕuŋ^{322} ja:ŋ^{44};

四月 田地 啊 粪肥 围绕 秧 看 你们 君 情 愿意 秧 共同 培育

四月田里粪滋苗，情妹若愿意咱们就一起育秧；

ŋɔ^{31}ŋuɛt^{31} a^{0} ȵa:n^{44}pa:n^{53} a^{0} pa:n^{31} tɕa^{53} ʔa:u^{44} ɕa:u^{44} tu^{0} ȵin^{11} a^{0}

五月 啊 中旬 啊 同伴 那 要 你们 嘟 人 啊

ȵa:ŋ^{11}tɕəm^{44} ȵa:u^{322} ka:u^{31} pian^{53} nɛ^{44}ka^{22},

金情妹 在 里头 田峒 拔秧

ka^{44} tɕeu^{44} lɔ^{0} la:ŋ^{11} na:i^{322} ta:p^{22} kia:ŋ^{31} ma:u^{11}pa^{322} ʔu^{44}sa^{44} a^{0} ta^{44} kyŋ^{53} ȵa:ŋ^{11} a^{0};

余 我们 啰 情哥 现在 挑 些 拌糠粪肥 肩上 啊 眼睛 张望 情妹 啊

五月中旬那同伴让你们这些情妹在田峒里扯秧，留下我们情哥肩挑拌糠粪肥，眼睛望着情妹；

liɔk^{11}ŋuɛt^{31} a^{0} k^{h}aŋ^{13} tɕet^{22} a^{0} ɕet^{22} tɕan^{44}ja^{53},

六月 啊 阳光 炙热 啊 开裂 田埂

pəi^{31} tɕ^{h}eŋ^{353} lɔ^{0} pa:n^{31} p^{h}a^{353} mia^{353} tɕeu^{44} la:ŋ^{11} a^{0};

别 听 啰 同伴 破坏 讨厌 我们 情哥 啊

六月阳光炙热，田埂开裂，情妹你别听信同伴的谗言而讨厌我们情哥；

t^{h}ət^{44}ŋuɛt^{31} təm^{322}qa:m^{31} tɕet^{11} sai^{44} tɕet^{11} q^{h}an^{13} tɕiŋ^{53},

七月 野葡萄 结 藤蔓 结 成 串

pa:u^{44} lɔ^{0} nɔŋ^{31} pəi^{31} tɕ^{h}eŋ^{353} je^{0} sɔ^{322} ləm^{11} a^{0} k^{h}a:ŋ^{13}, sɔ^{322} ləm^{11} a^{0} sɔ^{322} k^{h}a:ŋ^{13} tɕeu^{44} ja^{22}

告诉 啰 妹妹 别 听 啊 气息 风 啊 阳光 气息 风 啊 气息 阳光 我们 也

pa:u^{44} ɕa:u^{44} a^{0} ȵa:ŋ^{11} pəi^{31} tɕ^{h}eŋ^{353}, qai^{22}tɕa:ŋ^{22} lau^{31}tiŋ^{53} a^{0} tɕiŋ^{53} tɕin^{44}ha:ŋ^{13};

告诉 你们 啊 情妹 别 听 不是 欺骗 啊 正是 真话

七月野葡萄结串满藤蔓，情妹别听那些流言飞语，是风是雨我们也要告诉你们情妹别听信，这是情哥的真心话而非谎言；

pɛt^{22}ŋuɛt^{31} a^{0} la:k^{31}pa^{44} ma^{13} k^{h}a:ŋ^{13} ɬa:u^{53}, ləi^{31} qa:u^{53} lɔ^{0} ja^{11}ta:u^{44} tu^{0} la:u^{13} mɛn^{322} k^{h}ua:n^{13};

八月 啊 小鱼儿 来 煮 酸汤 话 旧 啰 咱俩 嘟 挖掘 慢慢 甜

八月小鱼煮酸汤，咱俩旧情话越说越甜；

tɕu^{22}ŋuɛt^{31} a^{0} ləm^{11}ʔu^{44} pa^{53}mai^{31} miu^{322}, ɬen^{11} - lɔ^{0} - ɕi^{11} pən^{22} ɕa:ŋ^{53} jin^{13} nɔŋ^{31}

九月 啊 北风 树叶 掉落 以 – 啰 – 前 总是 想 跟 妹妹

ȵa:ŋ^{11}tɕəm^{44} a^{0} qa:ŋ^{22}tau^{22} a^{0} tɕuŋ^{322} ʔi^{44} ja:n^{11};
金情妹 啊约定 啊共 一 家

九月北风吹叶落纷纷，先前总想与情妹约定要成一家；

ɕip^{11}ŋuɛt^{31} a^{0} ta^{322} t^{h}a:n^{13} a^{0} qɔŋ^{44}hɔ^{31} hua:n^{53}, na:i^{322} ja:u^{11} pən^{22} ɕa:ŋ^{53} lɔ^{0} kuŋ^{11}
十月 啊过 剪糯谷 啊 活儿 缓和 现在 我 总是 想 啰 多

ma^{13} tam^{22} ɕua:n^{322} a^{0} lya:n^{322} ɕa:u^{44} ȵa:ŋ^{11} a^{0};
来 几 次 啊 围绕 你们 情妹 啊

十月收了糯谷活儿缓，现在总想多来几次围在情妹身边；

ɕip^{11}ʔit^{44}ŋuɛt^{31} tɕ^{h}a^{353} ȵa:n^{44}tɔŋ^{44} qɔŋ^{44}hɔ^{31} ȵɔŋ^{22}ȵen^{22}, min^{44} kua:n^{13}ɕi^{11} tɕet^{22} - lɔ^{0} - ta:ŋ^{11},
十一月 上 冬天 活儿 轻松 脸 高兴 结－啰－亲

ɬeŋ^{11}ȵi^{322} na:n^{31} lia:ŋ^{13} tu^{0} k^{h}a:ŋ^{13} pua:i^{322} lia:ŋ^{31} a^{0};
情意 难 爱恋 嘟 阳光 背光 山梁 啊

十一月冬天已至，活儿轻松，满面笑容欲结亲，情意却已日薄西山难眷恋；

ɕip^{11}ȵi^{322}ŋuɛt^{31} tɕ^{h}a^{353} ȵa:n^{44} - a^{0} - ȵin^{11} a^{0} tɔk^{44} nai^{44} qa:ŋ^{53}, ja:u^{11} pən^{22} naŋ^{44}
十二月 上 腊－啊－月 啊 落 雪 冰 我 总是 还

ɕa:ŋ^{53} a^{0} nɔŋ^{31} ɬeŋ^{11} lia:ŋ^{13},
想 啊 妹妹 情 爱恋

nau^{13} jɔ^{31} pet^{22} ȵin^{11} a^{0} pet^{22} ȵa:n^{44} qa:n^{44}qu^{22} jin^{13} ɕa:u^{44} a^{0} ɕin^{44}pɛn^{11}
谁 知道 过 年 啊 过 月 辛苦 跟 你们 啊 相恋

məi^{31} tɕet^{22} - lɔ^{0} - ta:ŋ^{11}, ɬeŋ^{11}ȵi^{322} na:n^{31} ʔa:u^{44} tu^{0} k^{h}ɔŋ^{22}ʔi^{44} ja:u^{13} tau^{53} sa:n^{11} a^{0} ləi^{0}.
未 结－啰－亲 情意 难 要 嘟 好像 枫树 遗弃 荷木 啊 咧

十二月寒冬腊月，冰雪交加，我依然坚信妹妹也在相思量，谁知岁月流逝，辛辛苦苦跟你们相恋一场却未成亲，情意难留，宛若那枫树遗弃荷木一般。

（吴唐忠弹唱，2018年8月23日）

四 故事

1. 狼外婆的故事

qaːŋ^{22}tʰau^{353} kam^{44} ti^{0} hɔŋ^{22}ɕu^{31} ma^{13} le^{0}，laːk^{31}ʔun^{22} le^{0} ʔai^{53} paːi^{44} tɕʰaːm^{22} jaːn^{21} tɛ^{44}
说到 侗族 的 风俗 来 呢 小孩子 呢 爱 去 走 家 外婆

la^{0} liɔ^{0}. tɕa^{53} maːu^{322} le^{0} jaːn^{21} tɕa^{322} tɕiŋ^{53} ɬaːŋ^{31} lai^{22} ja^{21} tu^{21} laːk^{31}，maːu^{322} pən^{22} ju^{53} ɕaːŋ^{53} paːi^{44}
啦 的 那 他们 呢 家 那 正好 养 有 两 个 孩子 他们 总是 要 想 去

tɕʰaːm^{22} jaːn^{21} tɛ^{44} maːu^{322}. tɕa^{53} nai^{31} maːu^{322} ɕu^{22} qaːŋ^{22} maːu^{322} tɕʰeŋ^{353}：“ja^{21}ɕaːu^{44} pən^{22} ju^{53}
走访 家 外婆 他们 那 妈妈 他们 就 说 他们 听 你们俩 总是 要

paːi^{44} tɕʰaːm^{22} jaːn^{21} tɛ^{44} a^{0} tau^{53} jaːu^{21} ɕi^{21}nu^{44} le^{0} lai^{22}pen^{322} hai^{53} jin^{31} ja^{21}ɕaːu^{44} paːi^{44} tɕʰaːm^{22}.”
去 走访 家 外婆 呐 让 我 何时 呢 方便 再 带 你们俩 去 走访

说起侗族的风俗，小孩子都喜欢去看望外婆。有一家正好养了两个孩子，他们总想去外婆家。后来他们的母亲就说：“你们俩总想去外婆那里，这也得等我什么时候有空了再带你们去。”

tɕa^{53} le^{0} maːu^{322} miuŋ^{322} le^{0} man^{44} ju^{22} man^{44} liɔ^{0}. “tɕa^{322} taːu^{44} man^{44}mu^{22} paːi^{44} tɕʰaːm^{22} a^{0}，
那 呢 他们 盼望 呢 天 又 天 的 那 咱们 明天 去 走访 呐

(man^{44}naːi^{322}) jaːu^{21} naŋ^{44} qai^{22} pen^{322}.” tɕa^{322} tʰau^{353}vɛ^{13} le^{0} ja^{21} tu^{21} laːk^{31} ju^{22}，“nu^{53} ȵa^{21} nai^{31}
今天 我 还 无 空闲 那 后来 呢 两 个 孩子 又 若 你 妈妈

a^{0} qai^{22} pen^{322} a^{0} ja^{21}tɕeu^{44} ɕu^{22} qaːk^{22} paːi^{44}，jaːu^{21} taːi^{53} nɔŋ^{31} taːu^{44} paːi^{44}.” tɕa^{53} nai^{31} qʰɛ^{13}
呐 无 空闲 呐 我们俩 就 自己 去 我 带 妹妹 咱们 去 然后 妈妈 他们

ɕu^{22} paːu^{44}，“ja^{53} ȵa^{21} ju^{53} paːi^{44} tɕʰaːm^{22} tɛ^{44} lɛ^{0} tɕa^{53} ja^{21}ɕaːu^{44} ju^{53} tɕy^{13}ji^{13} le^{31}，mɛ^{21} ja^{21} nan^{44}
就 说 那 你 要 去 走访 外婆 呢 那 你们俩 要 注意 呀 有 两 个

paːn^{21}qʰan^{13}. nu^{53} ȵa^{21} paːi^{44} tɕʰaːm^{22} jaːn^{21} tɛ^{44} ɕi^{22} ju^{53} ta^{322} paːn^{21}qʰan^{13} ʔu^{44}，pəi^{31} ta^{322}
横坡路 若 你 去 走访 家 外婆 就 要 从 横坡路 上边 别 从

pa:n^{21}q^{h}an^{13} tɛ^{22} le^{31}. nu^{53} ȵa^{21} ta^{322} pa:n^{21}q^{h}an^{13} tɛ^{22} pa:i^{44} a^{0} tɕa^{53} ɕu^{22} pa:i^{44} t^{h}au^{353} ja:n^{21}

横坡路 下边 呀 若 你 从 横坡路 下边 去 呐 那 就 去 到 家

tɛ^{44}ɬa^{31}pa^{322} tɕa^{0} pa:i^{44} le^{31}. ta^{322} pa:n^{21}q^{h}an^{13} ʔu^{44} a^{0} ɕu^{22} t^{h}au^{353} ja:n^{21} tɛ^{44} ta:u^{44} le^{31}."

狼外婆 那 去 呀 从 横坡路 上边 呐 就 到 家 外婆 咱们 呀

于是他们就天天盼望着。妈妈说："那咱们明天去吧，今天我没有空。"孩子说："妈妈你如果没有空我们俩就自己去，我带着妹妹去。"于是他们的妈妈说道："要去看望外婆的话，你们俩可得注意啊。这里有两条横坡路。要去外婆那里就要走上边那条横坡路，如果走下边那条横坡路就到狼外婆家去了。"

tɕa^{53} ja^{21} tu^{21} la:k^{31} man^{44} tɕa^{53} ɕu^{22} pa:i^{44} lɔ^{0}, tu^{21} tɕa:i^{31} q^{h}ɛ^{13} ɕu^{22} jin^{31} tu^{21} nɔŋ^{31} pa:i^{44}.

那 两 个 孩子 天 那 就 去 啰 个 哥哥 他们 就 带 个 妹妹 去

pa:i^{44} pa:i^{44} laŋ^{31} le^{0} lɔŋ^{13} nan^{44} q^{h}an^{13} pɛ^{0} la^{0} liɔ^{0}. lɔŋ^{13}q^{h}an^{13} le^{0} pa^{11} t^{h}au^{353} le^{0} lɔŋ^{13} ta^{322}

去 去 竟然 呢 走错 条 路 去 啦 的 走错路 呢 游走 到 呢 走错 从

pa:n^{21} tɛ^{22} pa^{11} t^{h}au^{353} ja:n^{21} tɛ^{44}ɬa^{31}pa^{322}. tɛ^{44}ɬa^{31}pa^{322} le^{0} lau^{31} ja^{21} tu^{21} la:k^{31} ja^{322} ma^{13} le^{0}. "ai^{0},

横坡 下边 游走 到 家 狼外婆 狼外婆 呢 引诱 两 个 孩子 那 来 的 欸

ma^{13} ma^{13}, ma^{13} la:k^{31} la:k^{31} a^{0}, ma^{13} la:k^{31}qua:n^{44} a^{0} liɔ^{0}. ma^{13} la:k^{31}qua:n^{44}, ma^{13} la:k^{31}qua:n^{44}

来 来 来 孩子 孩子 啊 来 孙子 啊 的 来 孙子 来 孙子

je^{0}!" tɕa^{53} le^{0} ʔa:u^{44} qau^{31} ɬa:i^{44} ja^{21}q^{h}ɛ^{13} tɕa:n^{44} a^{0} ʔa:u^{44} man^{53} tɔ^{21}ma:ŋ^{21} ɬa:i^{44} ja^{21}q^{h}ɛ^{13} tɕa:n^{44}.

呀 那 呢 要 饭 给 他们俩 吃 呐 要 东西 什么 给 他们俩 吃

tɕa:n^{44} tɕəŋ^{53} le^{0}, "ja^{53} ȵam^{53}na:i^{322} le^{0} ja^{21}ɕa:u^{44} le^{0} ja^{21} la:k^{31}qua:n^{44} na:i^{322} ju^{53} ȵa:u^{322}ȵam^{53}."

吃 饱 呢 那 今晚 呢 你们俩 了 两 孙子 这 要 过夜

于是那天两个孩子就出发了，哥哥领着妹妹去。走着走着竟然走错了路。他们走的是下边那条横坡路，不知不觉来到了狼外婆家。狼外婆就引诱那两个孩子过来，说"欸，来来来，孩子们过来，孙子们过来啊"类似这样的话。然后就拿饭给他们俩吃。孩子们吃饱之后，狼外婆说："那今晚呢你们要在这里过夜。"

tɕa^{53} ja^{21} tu^{21} la:k^{31} na:i^{322} ju^{22} leŋ^{31} ȵa:u^{322}ȵam^{53} liɔ^{0}. ȵa:u^{322}ȵam^{53} le^{0} tɕa:n^{44} lia:u^{31} qau^{31}ȵam^{53}

那 两 个 孩子 这 又 答应 过夜 的 过夜 呢 吃 完 晚饭

q^{h}an^{13} le^{0} ɕu^{22} pa:u^{44} le^{0}, "ja^{53} ja^{21}ɕa:u^{44} ɕu^{22} jin^{13} ja:u^{21} na:k^{44} ɛ^{0}." ʔa:u^{44} tu^{21} tɕa:i^{31} q^{h}ɛ^{13} le^{0} naŋ^{44}

成 呢 就 说 呢 那 你们俩 就 跟 我 睡 吧 要 个 哥哥 他们 呢 还

maːk22 kiaːŋ31 ɕu22 naːk44 qaːk22 ʔi44 tɕɔt31. ʔaːu44 tu21 nɔŋ31 qʰɛ13 le0 mɛ21 le0 ɬaːm44 ɬɔi53 ȵen21

大 一些 就 睡 独自 一 端 要 个 妹妹 他们 呢 有 呢 三 四 岁

naːi322 jin13 tu21 tɛ44 tɕa322 tɕuŋ322 ʔi44 tɕɔt31. tɕa53 naːk44 tʰau353 lai22 mɛ21 ȵaːk44 vɛ13 le0 pən22

这样 跟 个 外婆 那 共 一 端 那 睡 到 得 有 点儿 晚 呢 总是

tɕʰeŋ353 kaːu22 tɕɔt31 tɕa53 tɕaːn44 nan44maːŋ21 "ŋɛt31ŋɛt31". tɕa53 ɬaːi44 tu21 tɕaːi31 qʰɛ13 ɕi22 tɕaːi22 liɔ0.

听见 头 端 那 吃 什么 咔嚓咔嚓 那 给 个 哥哥 他们 就 问 的

"ȵa21 tɛ44 tɕaːn44 ʔat44maːŋ21 tɛ44 a0 ȵa21?" "jaːu21 tɕaːn44 tɔ322ɕɐu22." "ɬaːi44 kiaːŋ31 ma13 tɕʰeŋ353

你 外婆 吃 什么 外婆 啊 你 我 吃 炒豆 给 一些 来 尝

je0." tɛ44 qʰɛ13 jaːn13: "qaːu53 laːu22 liaːu22." ta322 kiaːŋ31 ju22 tɕaːn44, tɕaːn44 ŋɛt31ŋɛt31. "ȵa21 tɛ44

呀 外婆 他们 应答 老早 进 完 过 一会儿 又 吃 吃 咔嚓咔嚓 你 外婆

tɕaːn44 maːŋ21 tɛ44 a0?" "tɕaːn44 tɔ322ɬɔŋ21." "ɬaːi44 ȵaːk44 ma44 tɕʰeŋ353 je0." "qaːu53 laːu22 lɔŋ21." tɕa53

吃 什么 外婆 啊 吃 炒黄豆 给 点儿 来 尝 呀 老早 进 肚子 那

le0 naːk44 lo0 liɔ0, tɕa53 ɕu22 tɕaːi31 qʰɛ13 ɕi22 naːk44.

呢 睡 啰 的 那 就 哥哥 他们 就 睡

于是孩子们就答应过夜。吃完晚饭后狼外婆就说："那你们俩就跟我睡吧。"哥哥年纪大一些，让哥哥单独睡床的一头。妹妹只有三四岁，就让妹妹跟着狼外婆睡一头。睡到深夜的时候哥哥总是听见那头在咔嚓咔嚓地吃着什么，就问道："外婆你吃什么呀？""我吃炒豆。""给我来点儿尝尝呗。"外婆应道："早就吃完了。"过了一会儿又咔嚓咔嚓地吃着。"外婆你吃什么呀？""吃炒黄豆。""给我来点儿尝尝呗。""早就进肚子里了。"于是哥哥就继续睡觉了。

naːk44 naːk44 naːk44 tʰau353 jit44lən21 tɕən21ma44 lo0 liɔ0, laŋ31 le0 qʰai21 lai22 nu53 nɔŋ31 qʰai13 pɛ0

睡 睡 睡 到 次晨 起来 啰 的 竟然 呢 不 得 见 妹妹 他们 去

le0. je0 tɕa53 maːu322 ma44 jaːn21 ɕu22 laŋ31 le0 qaːŋ22 tɔ322 nai31 qʰɛ13 tɕʰeŋ353. qaːŋ22 tɔ322 nai31

咧 哎 那 他 来 家 就 直接 呢 说 给 妈妈 他们 听 说 给 妈妈

qʰɛ13 tɕʰeŋ353 a0, "je0 tɕaːn44 nɔŋ31 taːu44 pɛ0 le0!" tɕa53 nai31 qʰɛ13 ɕu22 ɕin44liaːŋ31 lɔ0 liɔ0.

他们 听 呐 哎 吃 妹妹 咱们 去 咧 那 妈妈 他们 就 心灰意冷 啰 的

ɕin44liaːŋ31 le0, "naːi53 taːu44 ʔi44nau44 vɛ31" liɔ0. "tɕa53 taːu44 man44nu44 pɛn322 ni44 qau31jit44

心灰意冷 呢 现在 咱们 怎么 办 的 那 咱们 哪一天 办 点 早饭

qun53, paːi44 hɛm31 tu21 tɛ44ɬa31pa322 tɕa322 ma44." "ma44 jaːn21 taːu44 le0 ɬaːu322 nan44 ŋaːu31 a0,

先 去 喊 个 狼外婆 那 来 来 家 咱们 呢 造 个 陷阱 啊

ɬa:u^{322} nan^{44} ŋa:u^{31} le^{0} ta:k^{22} ha:ŋ^{21}man^{53} tɕiŋ^{44} la:u^{22} nan^{44} ŋa:u^{31} tɕa^{322} ɕu^{22} ʔa:u^{44} nan^{44} men^{22} a^{0}
造 个 陷阱 呢 钉 什物 钉子 进 个 陷阱 那 就 拿 个 席子 啊

ʔa:u^{44} nan^{44} men^{22} a^{0} ʔa:u^{44} nan^{44} ʔua:ŋ^{44} pa:i^{44} ɬuŋ^{53} ki^{44}tɕa^{53} ʔa:u^{44} nan^{44} va:ŋ^{44}ɬen^{53} ɬuŋ^{53} ki^{44}tɕa^{53}
拿 个 席子 啊 拿 个 稻草 去 放置 那里 拿 个 稻草床垫 放置 那里

pa:i^{44}." tɕa^{53} ɬa:i^{44} tu^{21} tɛ^{44}ɬa^{31}pa^{322} tɕa^{53} ma^{44} lo^{0}. ma^{44} le^{0} ɕa:ŋ^{44} ɬui^{53} ki^{44} taŋ^{53} tɕa^{322} (q^{h}ai^{21}) ɬa:i^{44}
去 那 给 个 狼外婆 那 来 啰 来 呢 想 坐 处 凳子 那 不 给

ma:u^{322} ɬui^{53}. "ȵa^{21} ɬui^{53} ki^{44}tɛ^{22}, nan^{44} men^{22} a^{0}." tɕa^{53} ma:u^{322} naŋ^{31} le^{0} ɬui^{53} la^{0}, "k^{h}ɔp^{44}p^{h}ɔp^{44}"
她 坐 你 坐 下边 个 席子 啊 那 她 直接 呢 坐 啦 哐哐

lui^{322} pa:i^{44} le^{0} liɔ^{0}. vɛ^{31} nan^{44} ŋa:u^{31} (tɔ^{322}) qun^{53} pan^{44} a^{0} nan^{44} tɕiŋ^{44} ma:ŋ^{21} tɔ^{322} tiŋ^{53} ja^{0}. naŋ^{31}
下 去 呢 的 造 个 陷阱 于 之前 竹子 啊 个 钉子 什么 于 底下 那 接着

ʔa:u^{44} nam^{31}tun^{44} le^{0} ʔi^{44} t^{h}a:u^{22} lui^{322} pa:i^{44}. tu^{21} tɛ^{44}ɬa^{31}pa^{322} tɕa^{322}: "ɕa:u^{44} ʔa:u^{44} nam^{31}tun^{44} t^{h}a:ŋ^{44}
拿 热水 呢 一 泼 下 去 个 狼外婆 那 你们 拿 热水 烫

ja:u^{21} le^{0} q^{h}ɛ^{21} tai^{44} o^{0}." jə^{0} tau^{53}tɕa^{53} ʔa:u^{44} ha:ŋ^{21}man^{53} qɛ^{31}ka:i^{53} a^{0} ha:ŋ^{21}man^{53} le^{0} qɛ^{31}pət^{44} a^{0}
我 呢 不 死 喔 那 如此 要 什物 鸡粪 啊 什物 呢 鸭粪 啊

la:u^{22} ta:u^{44}nam^{31} pa:i^{44} a^{0} ʔi^{44} lim^{21} ma^{44} le^{0}. tɕa^{53} nam^{31} k^{h}am^{13} k^{h}u^{22}k^{h}u^{22} ʔi^{44} lim^{21} ma:u^{322}
进入 大水锅 去 呐 一 淋 来 咧 那 水 浑浊 浑浊状 一 淋 她

na:i^{322} le^{0} tɕa^{53} ɕu^{22} ki^{44}na:i^{53} ɕu^{22} tai^{44} tu^{21} tɛ^{44}ɬa^{31}pa^{322} tɕa^{322} pa:i^{44} la^{0}. mai^{31} ku^{22} na:i^{322} ɕu^{22}
这 呢 那 就 这里 就 死 个 狼外婆 那 去 啦 个 故事 这 就

ki^{44}na:i^{322} q^{h}an^{13} la^{0}.
这样 成 啦

睡到第二天早晨，哥哥竟然看不见妹妹了。不得了了，于是哥哥就回家直接说给妈妈听。妈妈说："哎呀，吃咱们妹妹啰！"于是妈妈就心灰意冷了。妈妈问："咱们现在怎么办？""那咱们先弄点早饭，然后去喊那个狼外婆来。""来到咱们家，咱们事先造个陷阱，把钉子之类的东西插在那陷阱里，然后拿个席子、稻草或者稻草床垫铺在上面。"然后就让那个狼外婆来了。狼外婆想坐在凳子上，但是不给她坐。"你坐下边，坐在席子那里啊。"然后狼外婆就直接坐下了，"哐"一声就掉下去了。先前陷阱里的钉子之类的尖的东西插在那里。然后直接拿热水泼下去。那个狼外婆道："你们用热水可烫不死我喔。"那样的话要拿鸡粪鸭粪之类的放入大锅里淋下去才行。热水一淋下去，这狼外婆就死了。

（莫仁政讲述，2019 年 4 月 17 日）

2. 柳金柳二的故事

tɕa^{53} qa:ŋ^{22} mai^{31} ku^{22} le^{0} liu^{11}tɕəm^{44} liu^{11}ȵi^{322} liɔ^{0}. ja:n^{11} ma:u^{322} mɛ^{11} ʔi^{44} tʰen^{44} tən^{31}
那 讲 个 故事 呢 柳金 柳二 对吧 家 他们 有 一 千 顷

ʔia^{53}pian^{53} liɔ^{0}. tɕa^{53} nɔŋ^{31} qʰɛ^{13} ɕu^{22} le^{0} pai^{31} tɕa^{22} kua:n^{44} vɛ^{31} liu^{11}mɔi^{322}. liu^{11}mɔi^{322} le^{0} pa:i^{44}
良田 对吧 那 妹妹 他们 就 呢 姑娘 那 名字 为 柳妹 柳妹 呢 去

ʔa:u^{44} nam^{31} le^{0} təm^{44} muŋ^{31} ɕeŋ^{44}ɬən^{44} lui^{322} tɕa^{53} taŋ^{44} lɔ^{0}, muŋ^{31} ɕeŋ^{44}ɬən^{44} tɕa^{22} la^{322} nam^{31} tɕa:n^{44}
取 水 呢 遇见 位 算命先生 下 那里 来 啰 位 算命先生 那 找 水 吃

a^{0}. ɕeŋ^{44}ɬən^{44} tɕa^{53} ɕu^{22} naŋ^{31} le^{0} tai^{11} ɬa^{44} ma:u^{322} pʰau^{353}. pʰau^{353} le^{0} ɬa:i^{44} liu^{11}mɔi^{322} tu^{322} mya:i^{53}
啊 算命先生 那 就 直接 呢 拿 肩膀 她 拍打 拍打 呢 让 柳妹 递 水瓢

nam^{31} ɬa:i^{44} ma:u^{322} tɕa:n^{44}. tɕa:n^{44} ɕeŋ^{44}ɬən^{44} tɕa^{53} naŋ^{31} qʰɛ^{11} ʔa:u^{44} mya:i^{53} tai^{11} qʰɛn^{13} liu^{11}mɔi^{322}
水 给 他 吃 吃 算命先生 那 直接 不 拿 水瓢 拿 胳臂 柳妹

tɕa^{22} pan^{22}. ɬa:i^{44} liu^{11}mɔi^{322} qa:ŋ^{22}, "ȵa^{11} ɕeŋ^{44}ɬən^{44} na:i^{22} na:u^{44}ȵe^{11} ȵa^{11} qʰɛ^{11} tau^{53}ɬa:i^{22} le^{0}!
那 摸 让 柳妹 说 你 先生 这 好色 你 不 讨人喜欢 呢

ha:ŋ^{11} ȵin^{11} ȵa^{11} ʔi^{44}na:i^{53} ȵa:u^{322} na:i^{22} qʰɛ^{11} la:u^{22}qʰa^{13} a^{0}!" tɕa^{53} ɕeŋ^{44}ɬən^{44} ɕu^{22} pa:k^{22}qa:ŋ^{22}
样子 人 你 这样 在 这里 不 合规 啊 那 先生 就 咕哝

ma:u^{322} pu^{44} ma:u^{322}, "hɛ^{0}, ȵa^{11} pai^{31} na:i^{322}, ȵa^{11} pai^{31} na:i^{322} le^{0} ȵa^{11} pən^{22} qʰɛ^{11}mɛ^{11} ɬa:u^{31}!" tɕa^{53}
她 说 她 嗨 你 姑娘 这 你 姑娘 这 呢 你 总是 没有 丈夫 那

qʰɛ^{13} ɕeŋ^{44}qɛŋ^{44}. ɕeŋ^{44}qɛŋ^{44} lai^{22} tɕa:i^{31} qʰɛ^{13} tʰau^{353} ma^{44}. tʰau^{353} ma^{44} pa:u^{44} lep^{22} ma:u^{322} pa:i^{44}ja:n^{11}.
他们 争吵 争吵 得 哥哥 她 到 来 到 来 说 接 她 回家

那就讲个柳金柳二的故事吧。他们家有千顷良田。他们有个妹妹叫柳妹。有一天柳妹去打水时遇见一位算命先生从那里下来找水喝。那算命先生就直接拍柳妹的肩膀，让她递一瓢水给他喝。但那算命先生不接水瓢而是捏着柳妹的胳膊。这让柳妹很不舒服，就说道："你这先生好色，你不讨人喜欢。你这种人这么做不合规矩啊。"于是那先生嘴里咕哝着说："你这姑娘呀，是不会有丈夫的！"于是他们就吵起来了。争吵时，她哥哥正好过来了，要接她回家。

ɕeŋ^{44}ɬən^{44} le^{0} ju^{22} naŋ^{31} ɬa:i^{44} liu^{11}tɕəm^{44} tɕa^{22} naŋ^{31} hɛm^{31} muŋ^{31} ɕeŋ^{44}ɬən^{44} la:u^{22} ja:n^{11} pa:i^{44}
先生 呢 又 就 让 柳金 那 就 喊 位 先生 进 屋子 去

jin^{13} nɔŋ^{31} qʰɛ^{13} ɬua:n^{53}miŋ^{322}, pa:u^{44} nɔŋ^{31} qʰɛ^{13} miŋ^{322} tɕa^{22} qai^{22} la:i^{44}. tɕa^{53} ja^{11} tɕa:i^{31}ȵɔŋ^{31} naŋ^{31}
跟 妹妹 他 算命 说 妹妹 他 命 那 不 好 那 两 兄弟 就

ɬən^{53} ɕeŋ^{44}ɬən^{44} naŋ^{31} pa:i^{44} tɕin^{11} tɕa^{22} vɛ^{31}qɔŋ^{44} hɛm^{31} nɔŋ^{31} q^{h}ɛ^{13} liu^{11}mɔi^{322} ɬun^{31} qau^{31}man^{44}
信 先生 就 去 山 那 干活 喊 妹妹 他们 柳妹 送 午饭

pa:i^{44}. ɬun^{31} qau^{31}man^{44} pa:i^{44} pu^{44} pa:i^{44} tɕa:n^{44} təm^{22}. tɕa:n^{44} təm^{22} tɕa:n^{44} təm^{22} t^{h}au^{353} ten^{44}
去 送 午饭 去 说 去 吃 杨梅 吃 杨梅 吃 杨梅 到 脚

mai^{31} pa:i^{44} tai^{11} nɔŋ^{31} q^{h}ɛ^{13} pat^{11}lia:u^{13} lui^{322} ka:ŋ^{44} pia^{44} kaŋ^{31} la:u^{22} pia^{322}tɕa:u^{44}, tɕa^{53} tɕun^{53}ma^{44}
树 去 拿 妹妹 他们 猛推 下 间隙 悬崖 卡 进 藤蔓丛 那 返回

ja:n^{11}. tɕun^{53}ma^{44} ja:n^{11} a^{0} nai^{31} q^{h}ɛ^{13} pa:u^{44}, “q^{h}ɛ^{11} nu^{53} nɔŋ^{31} ta:u^{44} ma^{44} ja:n^{11} a^{0}, lɔ^{44} məm^{31}
家 返回 家 啊 妈妈 他们 说 不 见 妹妹 咱们 来 家 啊 怕 老虎

tɕa:n^{44}!” tɕa^{53} la:i^{44}qa:ŋ^{22} liu^{11}mɔi^{322} tɔk^{44} la:u^{22} ȵa:u^{322} pia^{322} tɕa^{53} pa:i^{44}.
吃 那 听说 柳妹 落 进 在 树丛 那 去

而那先生就又让柳金请他到家里去给他妹妹算命，说他妹妹命不好。于是两兄弟就相信了先生的话，去山上干活，并交代柳妹去送午饭。之后他们就说一起去吃杨梅。说是去吃杨梅，但到了大树底下他们就把妹妹给推下悬崖去了，不料妹妹卡在藤蔓丛里，他们（没看到）就回家了。回到家里他们的妈妈说：“没见咱们妹妹回家啊，怕是被老虎吃了吧！”后来外人只听说柳妹掉到树丛里去了。

tɕa^{53} lai^{22} a^{0} mɛŋ^{322}ɬai^{322} o^{0} la:u^{22} tɕin^{11} la:u^{22} lɔŋ^{44} ma^{44} tɕua:ŋ^{44}nɔk^{11} lai^{22} tɕ^{h}eŋ^{353} qa:u^{31} tɕa^{322}
那 得 啊 芒赛 啦 进 山 进 树林 来 捕鸟 得 听见 里头 那

va:n^{44}. “hɛ^{0}, muŋ^{31} ȵin^{11} ju^{11} muŋ^{31} tɕy^{11}?” pa:i^{44} naŋ^{11} lai^{22} liu^{11}mɔi^{322}. tɕa^{53} ʔa:u^{44} la:m^{322} ʔa:u^{44} le^{0}
叫喊 嗨 位 人 还是 位 鬼 去 看 得 柳妹 那 拿 绳索 拿 呢

tɕa:u^{44} ka:i^{11} liu^{11}mɔi^{322} ɕa^{44} ma^{44}. tɕ^{h}a^{44} ma^{44} le^{0}, “ja^{53} ȵa^{11} ȵa:u^{322} nu^{44} ɬun^{31} ȵa^{11} pa:i^{44}.” ma:u^{322}
藤条 拉 柳妹 上 来 上 来 呢 那 你 在 哪里 送 你 去 她

pu^{44} “ja:u^{11} pa:i^{44} ja:n^{11} qai^{22} lo^{0}! tɕa:i^{31} tɕeu^{44} na:i^{22} lɔŋ^{13}ja^{31}, lia:u^{13} ja:u^{11} lui^{322} na:i^{322} ma^{44} lo^{0}.
说 我 回 家 不得 啰 哥哥 我们 这 坏心肠 推 我 下 这 来 啰

ja:u^{11} naŋ^{44} mɛ^{11} quk^{22}ɕin^{44}!” ja^{53} ɬa:i^{44} mɛŋ^{322}ɬai^{322} tɕun^{53} pa:i^{44} ja:n^{11} pa:i^{44} tɔŋ^{11} ma:u^{322}
我 还 有 衣服 于是 让 芒赛 返回 去 家 去 跟 她

ʔa:u^{44} quk^{22}ɕin^{44} taŋ^{44}. ʔa:u^{44} quk^{22}ɕin^{44} a^{0} mɛ^{11} man^{44}ȵan^{11} man^{44} a^{0} tɕa^{53} ma^{44} ɕu^{22} ma:u^{322} ɕu^{22}
拿 衣服 来 拿 衣服 啊 有 银饰 饰物 啊 那 来 就 她 就

pa:u^{44} ju^{53} jin^{13} a^{0} le^{0} mɛŋ^{322}ɬai^{322}, “ȵa^{11} ka^{0}ja:n^{11} mɛ^{11} ȵin^{11} kuŋ^{11} q^{h}ai^{11} a^{0}?” mɛŋ^{322}ɬai^{322} pa:u^{44}
说 要 跟 啊 呢 芒赛 你 家里 有 人 多 不 啊 芒赛 说

"ja:u^{11} ha:n^{53}leŋ^{22}." tɕa^{53} ma:u^{322} ɕu^{22} naŋ^{31} ju^{53} jin^{13} mɛŋ^{322}ɬai^{322}. jin^{13} mɛŋ^{322}ɬai^{322} le^{0} ma^{44} t^{h}au^{353}
我 单身汉 于是 她 就 直接 要 跟随 芒赛 跟随 芒赛 呢 来 到

ja:n^{11} ma:u^{322}, ɬa:i^{44} nai^{31} ma:u^{322} tɕa:i^{22}, "ȵa^{11} ta^{322} nu^{44} jin^{31} pai^{31} na:i^{322} ma^{44} o^{0}? ȵa^{11} pəi^{31}
家 他 让 妈妈 他 问 你 从 哪里 引领 姑娘 这 来 啊 你 别

pa:i^{44} qa:p^{22} ma:i^{31} q^{h}ɛ^{13}." ma:u^{322} pa:u^{44} ɬa:i^{44} a^{0} le^{0} liu^{11}məi^{322} pa:u^{44}. "tɕa:i^{31} tɕeu^{44} lia:u^{13} ja:u^{11}
去 抢夺 媳妇 别人 他 说 让 啊 呢 柳妹 说 哥哥 我们 推 我

ma:u^{322} tɕu^{44} ja:u^{11} ja:u^{11} ma^{44} le^{0}." "ma^{44} ɔ^{0}, na:i^{322} ȵa:u^{322} ɔ^{0}." "ȵa^{11} q^{h}ɛ^{11}ju^{53} ɬa:u^{22}ɬəm^{44} pa^{22}."
他 救 我 我 来 呢 来 啊 这样 存在 啊 你 不必 担心 伯娘

tɕa^{53} lai^{22} ɬa:i^{322} liu^{11}məi^{322} le^{0} ʔa:u^{44} ha:ŋ^{11}man^{44} ɕe^{11}jəm^{53}tɕəm^{44} a^{0} pa:i^{44} va:n^{53} p^{h}ia:u^{13} ma^{44} ɕu^{22}
那 得 让 柳妹 呢 拿 那些 金饰物 啊 去 置换 钱 来 就

pɛn^{53}q^{h}a:u^{22}, ja^{11}q^{h}ɛ^{13} ɕu^{22} tɕe^{31}vun^{22}, tɕe^{31}vun^{22} q^{h}an^{13} ɕu^{22} mɛ^{11} la:k^{31}ʔun^{22} ma^{44} a^{0}.
办酒席 他们俩 就 结婚 结婚 成 就 有 小孩子 来 啊

后来芒赛到山里来捕鸟，听见树丛里有叫喊声。"啊，这到底是人是鬼？"一看发现是柳妹，于是就拿绳索、藤条拉柳妹上来。上来后问："那你在哪里，我送你回去。"她说："我不能回家去了。我这两个哥哥心肠坏，把我推到这里来了。我家里还有衣服。"于是就让芒赛回家把衣服拿来。衣服里有各种金银首饰。拿到衣服后她就说要跟芒赛走，问："你家里有人多不多？""我单身汉。"于是她就直接跟芒赛走了。跟随芒赛到他家里时，芒赛的妈妈就问道："你从哪里带来这姑娘啊，你可别去抢别人的媳妇。"芒赛就让柳妹来回答这个问题。"我两个哥哥把我推下悬崖，但他救了我，所以我就自愿跟他来了。""自愿来的啊，原来是这样。""你不必担心的，伯娘。"于是就让柳妹拿那些金银首饰去换钱来办酒席，两人就结婚了，结了婚就有了小孩。

ta^{322} lai^{22} tuŋ^{322}lin^{31} ma^{44} le^{0} tɕ^{h}a:m^{22} t^{h}au^{353} taŋ^{44} lo^{0} jɔ^{31}mɛ^{44} liɔ^{0}. ka:i^{11} tuŋ^{322}lin^{31} ma^{44}, "ji^{0},
过 得 东林 来 呢 走 到 来 啰 认识 对吧 拉 东林 来 咦

ȵa^{11} le^{0} ȵen^{11}qun^{53} ta:u^{44} liɔŋ^{11} tɕa:i^{31} ɕa:u^{44} pa:u^{44} ȵa^{11} le^{0} mɛ^{11} məm^{31} tɕa:n^{44}, tɕa^{53} ɕi^{11}na:i^{322}
你 呢 前年 咱们 大舅 哥哥 你们 说 你 呢 有 老虎 吃 那 现在

le^{0} ȵa^{11} naŋ^{44} ȵa:u^{322} na:i^{322}." "ʔɛ^{0}, ja:u^{11} naŋ^{44} ȵa:u^{322} na:i^{322} le^{0}, tɕa^{53} ȵa^{11} pa:i^{44} qa:ŋ^{22} ɬa:i^{44} nai^{31}
呢 你 还 在 这里 对呀 我 还 在 这里 呢 那 你 去 说 给 妈妈

tɕeu^{44} tɕ^{h}eŋ^{353}." tɕa^{53} ɬa:i^{44} tuŋ^{322}lin^{31} tɕun^{53} pa:i^{44} qa:ŋ^{22} ɬa:i^{44} nai^{31} ma:u^{322} tɕ^{h}eŋ^{353}, ɬa:i^{44} nai^{31}
我们 听 那 让 东林 返回 去 说 给 妈妈 她 听 让 妈妈

ma:u^{322} ma^{44} tɕ^{h}a:m^{22} ma:u^{322}.
她 来 走访 她

后来恰好东林到村里来，原先就与柳妹认识。于是就请东林到家里来。“咦，前年咱们的舅舅也就是你们大哥说你被老虎给吃了，但现在你还在这里。”“对呀，我还在这里呢，那你回去跟我妈妈说吧。”于是就让东林回去告诉她妈妈，让她妈妈来看望她。

tɕa53 mai31 ku22 na:i322 ɕu22 ʔi44na:i322 qa:ŋ22 na:i322 ȵa:u322 lo0 liɔ0. ja:n11 mɛ11 qu44pa22 ɕu22
那 个 故事 这 就 这样 说 这里 在 啰 对吧 家里 有 姐妹 就

pəi31 ʔa:u44 vɛ31la:n322ɬen322 lo0 la322 pa:n31 na:n11 qʰan13 qu44pa22 ȵa11 lo0.
别 拿 作践 啰 寻找 伙伴 难 成 姐妹 你 啰

那这个故事就说到这里吧。所以家里有姐妹的话就别不珍惜，因为寻来的朋友很难成为你的亲姐妹。

（莫仁政讲述，2019 年 4 月 18 日）

3. 秀银与七妹的故事

tɕa53 qa:ŋ22 le0 mai31 ku22 le0 qun53ɕi11 tɕa53 le0 qa:ŋ22 ɕau44ȵan11 lɔ0 liɔ0, tɕʰi:322mai44
那 讲 呢 个 故事 呢 古时候 那 呢 讲 秀银 啰 对吧 七妹

ja0. ɕau44ȵan11 tɕiŋ53 le0 hu31na:n31 ti0 ȵin21. ma:u322 le0 ma13 tʰau353 kua:ŋ22ɬɛ44 na:i322 le0
那 秀银 正是 呢 湖南 的 人 他 呢 来 到 广西 这里 呢

ja:u13 qɔŋ44 vɛ31 liɔ0, vɛ31 ɕa:ŋ21qɔŋ44. tɕa53 le0 la:u22 ja:n11 le0 tɕʰi:322mai44 pa:i44 liɔ0. la:u22
要 工 做 对吧 做 长工 那 呢 进入 家 呢 七妹 去 对吧 进

ja:n11 tɕʰi:322mai44 pa:i44 a0 tɕʰi:322mai44 muŋ31 pai31 tɕa53 ju22 la:i44pai31 o0. ja:n11 ma:u322 ju22 le0
家 七妹 去 啊 七妹 个 姑娘 那 又 漂亮 哇 家 她 又 呢

ta13ti13tɕy53, ja:n11 ma:u322 mɛ21pʰia:u13 a0 mɛ21 ʔia53 kuŋ11 a0. ɕau44ȵan11 a0 muŋ31 na:i322 a0
大地主 家 她 有钱 啊 有 田地 多 啊 秀银 啊 个 这 啊

ju22 le0 la:i44ha:n53 a0 ju22 kau53 pʰa:ŋ13 a0. tɕa53 ma:u322 le0 hɛm31 ɕau44ȵan11 le0 la:u22 pa:i44
又 呢 英俊 啊 又 够 高 啊 那 她 呢 喊 秀银 呢 进 去

vɛ31ɕa:ŋ21qɔŋ44. la:u22 pa:i44 vɛ31qɔŋ44 a0 ma:u322 vɛ31 qɔŋ44ʔia53 ju22 vɛ31 la:i44 o0 liɔ0, vɛ31
打长工 进 去 做工 啊 他 干 田里活儿 又 做 好 哇 对吧 做

ha:ŋ11man53 qɔŋ44tɕin21 a0 tɛ53təi322 a0 ha:ŋ11ma:ŋ11 vɛ31 ju22 lai22 tʰɔŋ13. vɛ31 lai22 le0
事物 山上活儿 啊 锄地 啊 任何东西 做 又 得 精通 做 得 呢

miŋ11 ȵa:n44 tɕʰi22 a0. tɕa53 tɕʰi322mai44 naŋ11 ma:u322 muŋ31 ȵin11 na:i322 lai22 la:i44 o0
儿 月 起 啊 那 七妹 看 他 个 人 这 得 好 哇

muŋ31 ȵin11 na:i322 le0 tɕa53 tɕʰi322mai44 naŋ31 pən22 naŋ11 ma:u322 lai22 tɕan13 le0 liɔ0.
个 人 这 呢 那 七妹 自然 总是 看 他 得 重 呢 对吧

讲一个秀银和七妹的故事。秀银是湖南人，他到广西这里来做长工。后来就到了七妹家里。七妹这姑娘长得很漂亮，她家又是大地主，家里有钱，田地又多。秀银人长得高大英俊。于是，七妹就让秀银到家里去做长工。秀银田里的活儿做得好，山上的活儿也做得很熟练。干了几个月以后，七妹觉得秀银这个人很不错，很看重他，自然对他很好。

tɕa53 vɛ31 tʰau353 tɕua:n53 ȵen21 lən11 pa:i44 a0 ma:u322 tɕʰi322mai44 laŋ31 le0 mɛ21 ȵa:k44 qɛm53
那 做 到 返回 年 次 去 啊 她 七妹 直接 呢 有 点 爱慕

tɕa:i31 ɕau44ȵan11 ja0 liɔ0. tɕa53 qa:u31ja:n11 ma:u322 na:i322 va:n322 qɛ53 pa:i44 le0 tɕin44ɕe21 pɛ0 liɔ0.
哥哥 秀银 那 对吧 那 家里 她 这 事先 嫁 去 呢 佘姓 竟 对吧

qɛ53 pa:i44 tɕin44ɕe21 le0 tʰau353 tɕɔt31 ȵen21 lən11 le0 ɬa:i44 qa:u31ja:n11 ma:u322 le0 lai22jɔ31 liɔ0,
嫁 去 佘姓 呢 到 端 年 次 呢 给 家里 她 呢 得知 对吧

va31ɕɛn13 ma:u322 lia0 ʔai53 tɕa:i31 ɕa:ŋ21qɔŋ44 tɕa0. tɕa53 qa:ŋ22 ɬa:i44 ma:u322 tɕʰeŋ353, “ȵa21 pɔi31
发现 她 对吧 爱 哥哥 长工 那 那 讲 给 她 听 你 别

ʔai53 ɕa:ŋ21qɔŋ44 na:i322 a0 tɕʰi322mai44 a0! ta:u44 va:n322 le0 ju53 qɛ53 ȵa11 pa:i44 ja:n11 tɕin44ɕe21
爱 长工 这 啊 七妹 啊 咱们 原先 呢 要 嫁 你 去 家 佘姓

tɕa22, ja:n11 tɕa53 ta:u44 le0 mun31ta:ŋ22hu13tai13 a0 ȵin11 tɕa53 le0 ta:u44 ɕeŋ22 ȵin11mɛ21 na:i322 a0
那 家 那 咱们 呢 门当户对 啊 人 那 呢 咱们 全部 富人 这 啊

ju53 pa:i44 ha:ŋ21 ȵin11mɛ21.” tɕa53 tɕʰi322mai44 ju22 qʰɛ21 ɬɔn53 liɔ0, ma:u322 pən22 ʔai53 tɕa:i31
要 去 种类 富人 那 七妹 又 不 相信 对吧 她 总是 爱 哥哥

ɕau44ȵan11 na:i22. tɕa53 ɬa:i44 tʰau353 ȵen21 lən21 lɔ0 qa:u31ja:n11 qʰɛ13 le0, “na:i322 vɛ31 qai22, ta322 na:i322
秀银 这 那 给 到 年 次 啰 家里 她 呢 这 做 不行 从 现在

ju53 le0 tai11 tɕa:i31 ɕau44ȵan11 na:i322 le0 pɔi31 ju53 ma:u322!” “ja21qʰɛ13 ka:u22na:i322 le0 mɛ21
要 呢 拿 哥哥 秀银 这 呢 别 要 他 他们俩 这里 呢 有

nan44na:i322 ȵa:u322 ta:u44 ju53 tai11 tɕa:i31 ɕau44ȵan11 na:i322 ʔa:u44 ma:u322 pa:i44 tɕup22tɕeŋ22 pɛ0,
这事儿 存在 咱们 要 拿 哥哥 秀银 这 要 他 去 讨账 去

tɕa^{53} ȵen^{21}lən^{11} ɕu^{22} le^{0} q^{h}ɛ^{21} ju^{53} ɕau^{44}ȵan^{11} lɔ^{0} paːi^{44} jaːn^{11} maːu^{322}."
那 后年 就 呢 不 要 秀银 啰 去 家 他

第二年，七妹就爱上秀银哥哥了。但是她家里已经把她嫁给佘家了。嫁到佘家后第二年家里人发现她爱上了那个长工，于是就跟她说："七妹啊，你别爱恋这长工了，咱们之前已经把你许配给那佘家了，他们与咱们门当户对，跟咱家一样都是富人，这富人就要嫁给富人。"但七妹却不相信家人的话，她还是深爱着这位秀银哥哥。后来，到了第二年，她家里人就说："这不行，从现在开始要辞退秀银。""咱们要让秀银到外地去讨账，那样后年就不要他了，让他回家去。"

tɕa^{53} ɕau^{44}ȵan^{11} le^{0} ta^{322} jaːn^{11} tɕ^{h}i^{322}mai^{44} ʔuk^{22}paːi^{44} la^{0} liɔ^{0}. ʔuk^{22}paːi^{44} le^{0} ɬaːi^{44} tɕ^{h}i^{322}mai^{44}
那 秀银 呢 从 家 七妹 出去 啦 对吧 出去 呢 给 七妹

tu^{21} naːi^{322} a^{0} qaːu^{31}ɬaːi^{22} pən^{22} naŋ^{44} ʔai^{53} tɕaːi^{31} ɕau^{44}ȵan^{11} naːi^{322} a^{0}. haːn^{322} tɕaːi^{31} ɕau^{44}ȵan^{11}
个 这 啊 心里 总是 还 爱 哥哥 秀银 这 啊 约定 哥哥 秀银

ma^{13} le^{0} ma^{13} ȵaːu^{322} a^{0} ma^{13} t^{h}au^{353} maːk^{22}ɕen^{53} q^{h}an^{13} tɕa^{322}. ma^{13} ja^{21}q^{h}ɛ^{13} k^{h}uaːn^{53} lai^{22} ʔi^{44}
来 呢 来 在 啊 来 到 莫家村 路 那 来 他们俩 聊 得 一

man^{44} tɕa^{0}. k^{h}uaːn^{31} ʔi^{44} man^{44} le^{0} jaːu^{11} le^{0} pən^{22} qɛm^{53} ȵa^{21} liɔ^{0}. "ja^{11}taːu^{44} le^{0} nu^{53}q^{h}ɛ^{21}
天 那 聊 一 天 呢 我 呢 总是 爱慕 你 对吧 咱们俩 呢 不然

ja^{11}taːu^{44} ɕu^{22} le^{0} ɕin^{44}t^{h}a^{13} ʔuk^{22}ɬən^{44} paːi^{44} a^{0}." tɕa^{53} ɕau^{44}ȵan^{11} ɕu^{22} qaːŋ^{22} ma^{13}, "jaːu^{11}
咱们俩 就 呢 私奔 外出 去 啊 那 秀银 就 说话 来 我

qaːu^{31}naːi^{322} le^{0} mia^{11} naːi^{322} q^{h}ɛ^{21}mɛ^{21} p^{h}iaːu^{13} a^{0}. jaːu^{11} mɛ^{21} p^{h}iaːu^{13} le^{0} jaːu^{11} le^{0} ʔaːu^{44}
这里 呢 手 这 没有 钱 啊 我 有 钱 呢 我 呢 要

p^{h}iaːu^{13} ma^{13} pui^{21} ɬaːu^{31} ȵa^{21} a^{0}, tɕa^{53} t^{h}a^{13} ȵa^{21} ʔuk^{22}ɬən^{44} ɕu^{22} vɛ^{31}lai^{22}. jaːu^{21} ȵin^{21} tɕɔŋ^{21}
钱 来 赔偿 丈夫 你 啊 那 私奔 你 外出 就 可以 我 人 穷

vun^{44}p^{h}iaːu^{13} q^{h}ɛ^{21}mɛ^{21}, ʔi^{44}nu^{44} t^{h}a^{13} ȵa^{21} paːi^{44} lai^{22}? ɬaːu^{31} ɕaːu^{44} ju^{53} ɬen^{21} kuŋ^{21} jaːu^{21}
分毫 没有 如何 私奔 你 去 得 丈夫 你们 要 钱 多 我

ju^{22} pui^{21} qai^{22}." tɕa^{53} ɕau^{44}ȵan^{21} ɕu^{22} tɕuaːn^{44}paːi^{44} t^{h}au^{353} jaːn^{11} la^{0} liɔ^{0}.
又 赔偿 不得 那 秀银 就 返回 到 家 啦 对吧

后来秀银就从七妹家出去了。秀银出去后这七妹还是爱恋着这位秀银哥哥。后来就与秀银哥哥相约到莫家村见面。到那里他们俩足足谈了一天，一天谈下来都是卿卿我我的。"要不咱们俩就干脆私奔到外面去吧。"秀银答道："我这手上没有钱啊。我有钱的话我就用钱来赔偿你丈夫，然后把你带走。我人穷，一分钱都没有，如何把你带走？你丈夫索要的钱多，我又出不起。"然后秀银就回家去了。

tɕuaːn^{44}paːi^{44} tʰau^{353} jaːn^{11} le^{0} ɕaːŋ^{53} naːi^{322} a^{0} ʔaːu^{44} qʰɛ^{13} qai^{22} a^{0}. ɬən^{44} naːi^{322} qʰɛ^{13} paːu^{44}

返回 到 家 呢 想 这 啊 要 她 不得 啊 村 这 别人 说

maːu^{322}, "ȵa^{21} le^{0} nu^{53} haːŋ^{21} nɔŋ^{31} a^{0} lai^{22} nan^{44} piŋ^{322} maːŋ^{21} naːi^{322}ȵaːu^{322}?" maːu^{322} paːu^{44},

他 你 呢 看 样子 弟弟 啊 得 个 病 什么 这样 他 说

"jaːu^{21} qai^{22}tɕaːŋ^{22} pu^{44} lai^{22} piŋ^{322} maːŋ^{21}, paːi^{44} jin^{13} qʰɛ^{13} vɛ^{31}qɔŋ^{44}, pai^{31} ja^{0} pu^{44} qɛm^{53} jaːu^{11},

我 不是 说 得 病 什么 去 跟 别人 打工 姑娘 那 说 爱慕 我

qaːu^{31}jaːn^{11} maːu^{322} ju^{22} qʰɛ^{21} ɬaːi^{44} maːu^{322} ma^{13}, maːu^{322} le^{0} qaːŋ^{22} mɛ^{21}ɬaːu^{31} lɔ^{0}." "ja^{53} ki^{44}naːi^{322}

家里 她 又 不 给 她 来 他们 呢 说 嫁人 啰 那 这样

ȵaːu^{322} ɔ^{0}. ɔ^{0}, nan^{44}naːi^{53} ȵaːu^{322} liɔ^{0}. ja^{53} ʔaːu^{44} a^{0} ɕau^{44}ȵan^{11} pən^{22} qɛm^{53} tɕʰi^{322}mai^{44}." lai^{22}

存在 啊 啊 这事儿 存在 对吧 那样 要 啊 秀银 总是 爱慕 七妹 得

ja^{21}qʰɛ^{13} tɕʰi^{322}mai^{44} qaːŋ^{22} nan^{44} kaːn^{53}tɕʰin^{31} naːi^{322} ȵaːu^{322} a^{0}, naːi^{322} maːu^{322} qʰɛ^{21} lai^{22} mu^{22} naŋ^{31}

他们俩 七妹 说 个 感情 这 存在 啊 现在 他 不 得 他 干脆

paːi^{44} ʔaːu^{44} tɕeu^{21} ɬai^{22} jaːŋ^{31}jen^{22} tɕa^{0} tɕaːn^{44}. tɕaːn^{44} le^{0} ja^{53} ɕau^{44}ȵan^{11} le^{0} ta^{322}ɕin^{44} paːi^{44} la^{0} liɔ^{0}.

去 要 条 芯 大烟 那 吃 吃 呢 那 秀银 呢 去世 去 啦 对吧

tɕa^{53} ɬaːi^{44} tɕʰi^{322}mai^{44} lai^{22}jɔ^{31} lɔ^{0}. lai^{22}jɔ^{31} ju^{22} paːi^{44} nu^{53}, paːi^{44} nu^{53} nan^{44} vun^{11} maːu^{322} tɕa^{322}.

那 让 七妹 得知 啰 得知 又 去 看 去 看 个 坟墓 他 那

nu^{53} vun^{11} maːu^{322} lai^{22} tɕʰi^{322}mai^{44} tɕuaːn^{44}ma^{13} jaːn^{21} le^{0}, je^{0}, lai^{22} ɕaːŋ^{53} tɕaːi^{31} ɕau^{44}ȵan^{11} naːŋ^{22}

看 坟墓 他 得 七妹 返回 家 呢 欸 得 想 哥哥 秀银 疲惫

o^{0}, ȵaːu^{322} qai^{22}, ȵaːu^{322} qai^{22} ʔi^{44} man^{44} le^{0} man^{44} ju^{22} miuŋ^{322} ʔi^{44} man^{44}. vɛ^{13} ja^{0} jiŋ^{53} paːi^{44}

啊 生活 不得 生活 不得 一 天 呢 天 又 盼望 一 天 后来 那 干脆 去

tɕai^{22} qam^{31} le^{0} jaːŋ^{31}jen^{22} ja^{0}. jaːŋ^{31}jen^{22} ma^{13} le^{0} ʔaːu^{44} laːu^{22} tɕɔŋ^{44} paːi^{44} le^{0} ja^{22} qʰɛ^{21} nau^{13} nu^{53}.

买 个 呢 大烟 那 大烟 来 呢 要 进 杯子 去 呢 也 没 谁 看

ta^{322}lən^{21} le^{0} tɕa^{53} le^{0} naŋ^{31} le^{0} ja^{0} ta^{322}ɕin^{44} paːi^{44} le^{0} naŋ^{31} tɕaːn^{44} jaːŋ^{31}jen^{22} laːu^{22} paːi^{44}. tɕa^{53}

后来 呢 那 呢 直接 呢 那 去世 去 呢 接着 吃 大烟 进 去 那

le^{0} ta^{322}ɕin^{44} paːi^{44} ɬaːi^{44} nai^{31} qʰɛ^{13} huaːi^{22} a^{0} liɔ^{0}, "jiŋ^{322} le^{0} jɔ^{31} ʔi^{44}naːi^{53} jaːu^{11} ɬaːi^{44} ȵa^{11}

呢 去世 去 给 妈妈 她 后悔 啊 对吧 若 呢 知道 如此 我 给 你

paːi^{44}." nu^{13} ɕaːŋ^{53} laŋ^{31} ʔi^{44}naːi^{322} ȵaːu^{322} liɔ^{0}.

去 谁 想 竟然 这样 存在 对吧

回到家之后秀银就一直想着这事，娶不到她啊。于是村里的人就对他说："弟弟呀，看你这样子该不会是得了什么病吧？"他说："我并不是得了什么病，我外出给人家打工，那家的姑娘爱上我了，但她家里人又不让她来，他们说她已经嫁人了。""哦，原来是这样啊。这么说是有这么一回事了，那就需要秀银永远爱恋七妹。"后来七妹说他们俩这感情是有的，但他得不到她，所以他就干脆去要大烟来吃下去。之后秀银就去世了。后来，七妹知道以后就去看他的坟墓。看了坟墓之后七妹返回家来，但想念秀银哥哥想得心力交瘁、寝食难安，这一天又一天地望眼欲穿。后来就干脆去买那大烟来。买大烟回来后放进杯子里，也没有人看见，就直接把大烟吃下去了，就死了。七妹死后她妈妈后悔不已，说道："早知如此我就把你嫁出去了。"谁能想竟然会是这样呢。

ju^{53} taːu^{44} ɕi^{11}naːi^{322} qaːŋ^{22} ma^{13} a^{0} ju^{53} qɛu^{22} taːu^{44} man^{53}ȵi^{31}. taːu^{44} le^{0} laːk^{31} ju^{53} paːi^{44}
要 咱们 现在 说 来 啊 要 教育 咱们 年轻人 咱们 呢 孩子 要 去

ki^{44}nau^{44} ju^{53} ɬaːi^{44} maːu^{322} paːi^{44} ki^{44}ʨa^{53}. pəi^{31} tau^{322} ja^{11}q^{h}ɛ^{13} ja^{0} ja^{11}q^{h}ɛ^{13} ʔi^{44}ja^{0} ȵin^{21}laːu^{31}
哪里 要 给 他们 去 那里 别 像 他们俩 那 他们俩 那样 老人

q^{h}ɛ^{21} ɬaːi^{44} paːi^{44}. mai^{31} ku^{22} naːi^{53} qaːŋ^{22} t^{h}au^{353} ki^{44}naːi^{322} q^{h}an^{13} la^{0} ki^{44}naːi^{322} ɕu^{22}.
不 给 去 个 故事 这 讲 到 这里 成 啦 这里 就

所以咱们要教育好咱们的年轻人。孩子要去哪里就要让他们去哪里。这个故事讲到这里就结束了。

（莫仁政讲述，2019 年 4 月 18 日）

调查手记

10-1◆在布央村考察风雨桥

三江侗语文化典藏项目 2017 年立项启动，作为侗族人，我对侗族语言文化应该说还是有一定感知的，但即便如此，在实际调查记录另一个地方的侗语及其文化时亦有许多让人倍感新鲜、欣喜以及陌生之处，许多与调查相关的人和事，点点滴滴，都值得在这里说一说。

2017 年三江之“走马观花”

2017 年暑假我们正式踏上项目的田调之路，刚下高铁初到三江，其独特的自然风光、浓厚的民族风情、多语的人文环境让我们着迷。调研项目最重要的环节之一是调研地点的选择，于是我们便开始了田野调查选点之路的“走马观花”。我们此次调研的“先锋员”是课题组成员之一的廖秋娜。说来都是缘分，秋娜是广西师范大学 2013 级生物学专业本科生，辅修英语专业时碰巧选了我的课，现在在三江县高级中学任生物教师，是三江侗族自治县八江镇布央村人，也是土生土长、淳朴善良的 [la:k^{31}miak^{22}kam^{44}]“侗妹”。

在秋娜的指引下，我们第一站便来到了具有“茶园万亩”“千年侗寨”之称的八江镇布央村。初到布央，秋娜一家便盛情邀请我们到家里做客，这样我们不仅有幸结识了地地道道的布央侗寨人廖焕忠先生，同时还见到了学识渊博的吴运保先生，已到花甲之年的吴先生不仅侗语纯正地道、侗族传统文化底蕴也十分深厚，他为本书的写作提供了丰富的素材，特别是在侗族民俗故事方面。侗族人民的热情好客和乡寨村民的朴实纯真在调研中让我们深有感触，前有廖爸在万亩茶园叙侗寨风光，后有吴伯在树下石旁讲侗家轶事，我和我的团队更有幸在廖妈的招待下品尝到地道的侗族特色佳肴。令我们喜出望外的是，布央虽然是为项目调研选点而准备，但在那一周里所取得的素材甚是丰富，在侗语词汇、歌谣、民俗故事、饮食文化等方面无不收获颇丰。吴伯少时曾多年在侗族地区游历学医，所积攒的侗家趣闻轶事有不少，为本文的写作提供了大量的素材。令我们印象深刻的便是侗族人民的热情和淳朴，廖爸和吴伯总是有分享不完的侗语知识和侗族文化，让我们听得入神。某次，深夜 1 点在小廖家结束晚餐回宾馆休息的路上，恰巧碰到即将打烊的小卖部大哥，虽素不相识但他热情地邀请我们到家里品茶。大哥听闻我们是为保护和传承侗族文化而来，便主动向我们讲述各种侗家知识文化。大哥这种行为也深深地感染到我们，在侗语的保护方面，每个侗族人都在身体力行地为其尽心尽力。

结束布央之行，我们便辗转到三江西北部的独峒镇，在这里我们有幸结识了平流村的莫仁政先生。莫先生作为主要发音人可以说是我们整个项目的“最大功臣”，他不仅是一位地道的侗寨村民，熟悉传统侗族草药，还曾到县卫生学校培训过，而且擅长琵琶、侗笛、芦笙等传统侗族乐器，为项目开展提供了丰富的素材，更是为我们田野调查提供了诸多生活上、信息上的方便。在多方了解和考察民风民俗后，我们最终选择独峒镇高定村度过了为期半个月的

10-2◆在高定村考察侗笛制作与吹奏

“走马观花”，在莫医生的带领下，我们多次到独峒、平流、高定、干冲、林略、大塘坳等地，体验侗寨山水美景、侗家风土人情、侗乡民俗文化。

调研踩点到干冲村的时候，让我们印象深刻的是，老人们在闲暇之余常聚于鼓楼中，闲谈放松，娱乐活动十分丰富，特别是益智类游戏，如三子棋、字牌等，还有干冲村芦笙踩堂队的芦笙踩堂表演。在高定村也有众多热情好客、颇具侗族文化底蕴的侗寨人，在娱乐活动、农耕百艺、日常起居、服装配饰、饮食文化等方面为项目调研提供了帮助，他们是高定招待所的杨老板、乡村教师吴老师、侗族小伙吴校林、吴老师的亲家吴原金、侗家老伯吴转辉等。因侗家农耕几乎以种植水稻为主，所以稻作文化源远流长，侗寨文明与稻作文化相互交融，家家种水稻、户户可酿酒。我们在独峒时，常常被邀请到各家品尝侗家美食、酌饮自酿米酒、体验侗族文化。高定村有一棵护寨神树，那是一棵千年大榕树，在侗语中榕树为 [mai^{31}lioŋ^{21}ɕu^{22}]，[lioŋ^{21}ɕu^{22}] 意为“龙守护”，大榕树生长于高定村寨门附近，村民上山采茶、下地干活都会经过此处，根据高定侗寨习惯，不论家有喜事或是小孩生病等都会来此祈求祝福、消灾避难。

10-3◆调研团队与莫医师在高定神树下合影

2018 年三江之“深入浅出”

2018 年 7 月底，我便带领团队继续我们的调研之旅，不同的是这次田野调查我们决定把侗族传统村落特色保留较好的独峒镇高定村作为调研的大本营。

此次田野调查更加具有针对性，我们对植物文化和稻作农耕文化进行了深入调查。野外田调不仅考验体力，还要随时忍受毒虫叮咬，但也让我们体验到不同于在村寨的独特乐趣，“零距离”感受稻作文化的“精耕细作”。

2018 年暑期调研的主要工作模式是记录文化条目，撰写条目文案，田野考察、摄录。为了收集到更多更全面的词汇条目及相关文化信息，我们时常邀请吴老师、吴大伯等人来聚餐、聊家常，聊到深夜也是常有的事。这种相对轻松灵活的形式能让他们很容易地就把那些现在很少见的物件或风俗习惯一五一十地细数出来，一些重要的词汇、故事、歌谣等也是在这个时候记录下来的。

10-4◆团队与莫医师在记录文化条目

三江地处湘、桂、黔三省（区）交界处，独峒镇位于三江的西北部，高定村背后的高山便是著名的三省交界地带——三省坡。高定村因特殊的位置，与三省坡相去不远，村寨中很多村民也常年游走于三省之间。一些大型的侗族民间交流活动常在此举行，例如“赶坳”和“月地瓦”。“月地瓦”俗称种公地，是村与村、寨与寨之间青年男女的一项集体社交活动，一般从农历四月开始，持续到农历八月，在三江，“月地瓦”主要盛行于独峒、梅林、富禄、洋溪、同乐等地。不少青年通过“月地瓦”活动喜结良缘。随着时代的发展和进步，现在的“月地瓦”更多是侗族青年男女之间的相亲活动。三省坡附近的大塘坳、林略歌坪还是当地著名的民间歌会场所。

鼓楼是侗乡最具地域特点的公共建筑之一，历史上，凡商议重大事宜，起款定约，抵御外来侵扰等，均击鼓以召集群众，平时则是村民社交娱乐和节日聚会的场所。侗族的文化与鼓楼密不可分，因此，侗族文化又叫鼓楼文化。高定村鼓楼林立，其中保留较为完好且比较著名的当数高定独柱鼓楼，为三江侗族自治县重点文物保护单位。在独柱鼓楼，我们有幸欣赏

10-5◆三省坡考察之行与莫仁政、吴原金、吴仕祎合影

到侗族琵琶歌和侗笛歌。侗族男女老少皆可哼唱侗歌，特别是青年男女，皆以歌为媒自由恋爱。现在侗语对歌不光是男女青年的一种恋爱方式，也是男女老少闲暇之余的交友娱乐方式。

2019 年三江之“苦尽甘来”

2019 年项目进入材料整理和查遗补漏阶段。一方面要对收集到的词汇条目和语篇材料进行归类整理和视频录制，另一方面还要继续调查，补充相关文化素材。

4 月份，我们邀请主要发音人莫仁政先生到桂林进行语料录制。在为期一个多月的录制过程中，我们对材料进行修改、补充和完善。项目团队常常加班至深夜，我们不断地校对检查，其中的艰辛只有亲身经历才能体会到。录制工作繁重而枯燥，录音棚里空间狭小，潮湿闷热，莫医师录制后期生病住了两次院，这让我们深感内疚。

10-6◆在车寨考察

7 月份暑期，项目团队再次踏上三江的田调之旅，继续补充并拍摄文化内容。由于参加前两年田调工作的常远、代婉珍、孙建林、许志伟几位同学已毕业走上工作岗位，这次我带领的是几位“新兵蛋子”，她们是 2017 级的黄亦怡、黄子颖、吴东艳和 2018 级的丁美蓉。她们虽然参加了前期的语料整理和录制工作，但田野调查还是第一次。

为了拍到合适、理想的照片，同样的实物或文化现象会重复拍摄，同样的物件或内容在不同村寨中也会反复拍摄。调研期间团队成员最常调侃我的一句话是，“老师，这些物件您之前不是拍了好几次了吗？”聪明如你，我该说什么好呢？

有些物件或文化现象可遇而不可求，一旦抓拍到，那种如获珍宝的心情难以言表，如赶麻雀、烧稻草碱等。有些物件是在深入多家农户之后才会偶然发现，如各式各样设计精巧的门锁或一些已逐渐淡出日常生活的用具（如“焙篮”等）。有些物件或文化现象很常见，但我们却对其“熟视无睹”，如木匠师傅的各种工具让人眼花缭乱，它们的形状和功能更是让我们这些木工小白丈二和尚摸不着头脑。

10-7◆语料录制期间项目团队与莫医师合影

艰辛的田野调研也不时地穿插着一些让人哭笑不得的经历。一天我和司机杨海川师傅远赴偏远的乡村，只为一睹那现如今已难觅踪影的传统榨油机。不知寻遍了多少个村寨也没找到，不过我们依旧执着，热情满满，尽管天色已晚，我们决定再寻访最后一个寨子。一位村民热情地告诉我们村头的一个旧谷仓里可能还存放着一台。多么令人振奋的消息！我们二人一路小跑着前进，果然一座传统谷仓就在路旁。我们立刻开始寻找起来。不料，黑暗中一口棺材跃然眼前，把我们两人都吓了一大跳。于是，我从此断了念想，不再相信有什么传统的榨油机了！

几年的调研下来，侗族丰富多彩的语言文化，侗乡的山歌与美酒，侗族同胞的热情好客，都那么让人陶醉，不期而遇的美味佳肴尤其让人沉醉不知归路。与此同时，我们也感觉到了经济一体化和现代生产生活方式对侗族语言文化的影响，好些传统的生产生活方式已悄然发生了变化，相应的文化现象也已经或即将退出历史舞台。时不我待，记录和传承好民族语言文化是我们的使命。

参考文献

蔡　凌 2007《侗族聚居区的传统村落与建筑》，北京：中国建筑工业出版社。

《侗族简史》编写组 1985《侗族简史》，贵阳：贵州民族出版社。

管彦波 2005《文化与艺术：中国少数民族头饰文化研究》，北京：中国经济出版社。

贵州省民族事务委员会 2016《侗族文化大观》，贵阳：贵州民族出版社。

胡锦朝主编 2009《中国侗族在三江》，北京：人民美术出版社。

蒋兴礼等 2014《三江侗族语言使用现状及演变》，南宁：广西民族出版社。

陆中午、吴炳升主编 2006《侗族文化遗产集成·第二辑（中）·体育大观》，北京：民族出版社。

陆中午、吴炳升主编 2006《侗族文化遗产集成·第二辑（下）·饮食大观》，北京：民族出版社。

陆中午、吴炳升主编 2006《侗族文化遗产集成·第三辑（中）·建筑大观》，北京：民族出版社。

马　丽 2008《三江侗族服饰审美及时尚元素应用研究》，北京服装学院硕士学位论文。

《三江侗族自治县概况》编写组 2008《三江侗族自治县概况》，北京：民族出版社。

宋尧平 2018《侗族酒文化》，北京：中国书籍出版社。

吴　浩、李燕玲主编 2012《侗族琵琶歌》，南宁：广西民族出版社。

吴　浩、梁杏云主编 2009《侗族款词》，南宁：广西民族出版社。

吴鹏毅编著 2012《侗族民俗风情》（第2版），南宁：广西民族出版社。

冼光位主编 1995《侗族通览》，南宁：广西人民出版社。

邢公畹 1985《三江侗语》，天津：南开大学出版社。

索引

1. 索引收录本书“壹”至“捌”部分的所有条目，按条目音序排列。“玖”里的内容不收入索引。

2. 每条索引后面的数字为条目所在正文的页码。

D

E

F

N

O

P

Q

R

S

T

W

X

Y

Z

后记

中国语言资源保护工程“中国方言文化调查·广西三江侗语”于2017年5月正式立项，到2019年8月，全部摄录和整理工作最终完成，前后历时两年多，本书初稿到2021年7月才完成，之后几经修改，定稿则是在2022年初春。算上前期申报准备，项目开展已五年有余，其中的艰辛与欢乐，唯有真正经历过才能体会到。从项目立项到书稿完成，其间得到多位人士的大力支持和帮助，在此表示由衷感谢。

首先感谢曹志耘教授和业师李锦芳教授对少数民族语言文化保护事业的高度关注，感谢二位的支持与信任，推荐我申报三江侗语文化典藏项目，使我有机会对侗族语言文化的保护与传承尽一点绵薄之力。作为侗族人，我深感担子沉重，几年下来未曾有过松懈。

特别感谢项目主要发音人和文化咨询人莫仁政先生，项目的词语、音系和语篇材料均由他提供并参与录制。莫先生之前参加过广西语委的语保项目工作，有经验，加上吹拉弹唱样样精通，时间充裕，自然是项目理想的合作人选。项目从开始的调研阶段到后期的结题验收，莫先生都全程协助开展工作，只要有任务他都会全力提供帮助，咨询到什么也会耐心详细地解答。项目后期的语料录制工作繁重枯燥，录音空间狭小，天气潮湿闷热，录制后期莫先生生病住了两次院，但他却无怨无悔，从不言退，仍然坚持完成录制工作。调研期间莫先生还数次邀请我们到家里吃饭，还积极动员夫人和女儿为我们展示当地的侗族服饰。

吴运保、廖焕忠、吴仕祎、吴原金、吴转辉、吴唐忠、吴大伟、杨忠平、吴永良、吴永延等其他诸位发音人和文化咨询人，他们来自不同村寨，提供了不同地方侗语的语言特点和文化信息，为项目的顺利开展和结题做出了很大贡献，也大大丰富了项目材料。令人惋惜的是，作为侗笛文化代表性传承人的吴大伟师傅因病医治无效于2021年逝世，侗族人民从此失去了一个好儿子，侗族音乐文化也从此失去了一位优秀的传承人。同样令人惋惜的是，在同一年，平流村的吴群登师傅也因病永远离开了我们。吴师傅当年带我们参观他的传统木房，给我们展示并讲解各种设计精巧的门闩，还亲自带我们去见识并体会了一把赶麻雀。这一切尚历历在目，仿佛就在昨天。

课题组成员兼校友廖秋娜的家乡是三江县八江镇布央村，这是一个传统侗族村寨，我们调研之旅便是从这里开始的。秋娜不仅多次邀请我们到家里做客，并动员爸爸和姨父为我们讲解侗族文化，还带领我们到周边的侗寨去调研。要不是秋娜，我们的项目进展得不会那么顺利。也感谢另一位广西师大校友杨春婷。春婷是2010级中文专业，毕业后到三江县高中任教，是秋娜的同事。春婷来自高友侗寨，这里至今仍然保留着传统村落生态，感谢她带领我们深入这个迷人的侗寨调研学习，能认识这样的校友，谁说不是三生有幸呢？

感谢中央民族大学校友、三江县申遗办吴美莲主任的牵线搭桥，让我们得以认识三江的诸多侗族优秀同胞。三江县民宗局吴周宏局长调研期间多次盛情款待，为我们讲解侗族文化并提供宝贵的信息和资料。高中同窗杨玉龙和杨云连，他们都是三江土生土长的侗族人，又长期在三江县基层部门工作，熟悉侗族文化和当地风土人情，为我们的调研工作提供了诸多便利。就在初稿完成之际，噩耗传来，杨云连同学积劳成疾，永远离开了我们，令人扼腕！

感谢三江县供销合作社联合社原副主任杨忠平给我们讲解侗族文化。作为侗族人，他热心侗族文化传承，也是优秀的摄影家，多年来专心于侗乡风情摄影，本书中侗族传统榨油机、水磨房等珍贵图片便是出自他的妙手。这些照片是他常年游走于侗乡各地时抓拍的，可遇不可求，忠实地记录着侗族的风土人情，很接地气，无比珍贵。也感谢同为侗族文化的摄影爱好者唐汉忠提供了许多很有价值的主题照片。

守艺馆是一支致力于侗族传统文化保护、传承与传播的民间团队，多年来一直默默耕耘和坚守，令人敬佩。团队核心成员吴青改、侯颖莉、吴蕙、杨晓雷等几位也协助我们项目的部分调研工作，书中的一些珍贵照片便是由他们提供的。应三江县盛龙文化传播有限责任公司盛情相邀，在公司的民俗文化体验园区里我们看到了一些在传统村落已逐渐消失的物件。

高定村委吴仁杰、吴柳茜等几位干部为我们在高定村的调研工作提供诸多帮助，吴柳茜、吴校林夫妇一家还常邀请我们到家里吃饭，这里一并感谢。也感谢高定村三江侗族生态博物馆工作站的杨塘金师傅一家，一家人在调研期间精心为我们准备可口的饭菜并提供后勤保障。感谢平铺村杨海川师傅提供交通保障，开车带领我们到各个侗寨考察，也为我们讲解很多侗族语言文化知识。感谢平岩村岩寨屯晴天客栈老板吴柳胜一家为我们提供优质的食宿服务，并义务为我们充当侗族文化讲解员，还让爷爷吴永良带我们走村串寨体验侗族文化。感谢独峒镇中心卫生院的杨迎秋医师为我们展示并讲解了知了村的侗族服饰。感谢广西民族大学文学院教师吴满香博士细致解说梅林乡侗族文化习俗。

我们在调研期间还得到过许许多多侗族同胞的热心支持和帮助，他们热爱侗族语言文化，很乐意给我们讲解民族传统文化知识。还有许多热心人士，虽然只是一面之交，甚至来不及记录下他们的名字，但他们的真诚却永远值得感念。这是我记得的名单：肖建雄、吴家伦、杨日松、胡成春、莫秉高、吴永恒、吴永延、吴吉琼、杨群能、杨玉仁、吴峻松、谢老八、潘显飞、潘老凡、李石春、赖志明、吴家元、吴宇怀、莫丽婷。

项目自 2017 年启动以来，好几届硕士研究生都参与到项目工作中，付出很多，在此对他们表示感谢。2016 级常远、代婉珍、孙建林、许志伟参与前两年的田野调查，协助词汇条目和相关文化现象的收集和拍摄，2017 级黄亦怡、黄子颖、吴东艳、胡焕标和 2018 级丁美蓉参与后一年的田野调查工作并完成后期的词汇条目和口头文化的录音录像及语料录入工作，

2020级邓倩、裴雨婷、张冰雪帮助完成后期语篇材料编辑和索引核对等工作。代婉珍自告奋勇拟写调查手记部分初稿。感谢中央民族大学中国少数民族语言文学专业2017级博士生李秀华亲临桂林指导项目后期词汇条目和口头文化的录制。

感谢家人的理解和默默支持，大儿子2017年跟随团队忙碌了一个暑假，这位娴熟的摄录小能手，当时还是小小少年，如今已是翩翩少年。感谢父母亲和家乡的亲朋好友常常给我讲解侗族传统文化和习俗。

侗族文化源远流长，民族风情多姿多彩，人文景观别具特色，木构建筑和服饰文化更是博大精深，要深入了解得花十数年的时间。由于时间仓促，加上水平和篇幅有限，现在呈现在读者面前的只是一些初步的介绍和感性的展示，很多也只是简单的点播式概说，无法兼顾各地的差异性，希望往后有机会进行系统深入的探索，把侗族语言文化的魅力全方位呈现出来，以飨读者。

由于学识和时间所限，本书虽经多次审核校对，错误、疏漏等技术性问题或失实、缺憾之处在所难免，敬请专家和读者批评指正。

何彦诚

2022年3月18日感记于桂林

图书在版编目（CIP）数据

中国语言文化典藏. 三江侗语 / 曹志耘，王莉宁，李锦芳主编；何彦诚著. —北京：商务印书馆，2022

ISBN 978-7-100-21444-5

Ⅰ. ①中… Ⅱ. ①曹… ②王… ③李… ④何… Ⅲ. ①侗语—研究—三江侗族自治县 Ⅳ. ① H17

中国版本图书馆 CIP 数据核字（2022）第 128331 号

中国语言文化典藏 · 三江侗语

曹志耘 王莉宁 李锦芳 主编

何彦诚 著

商务印书馆出版

（北京王府井大街 36 号 邮政编码 100710）

商务印书馆发行

南京爱德印刷有限公司印刷

ISBN 978-7-100-21444-5

2022 年 12 月第 1 版

2022 年 12 月第 1 次印刷

开本：787×1092 1/16

印张：21¾

定价：280.00 元